한반도 오디세이

**정일영**

2014년 성균관대학교에서 정치학 박사학위를 취득하고 현재 서강대학교 사회과학연구소
연구교수로 재직 중이다.
IBK기업은행 북한경제연구센터 연구위원, 서강대학교 사회과학연구소 책임연구원, 성균관
대학교 동아시아학술원 선임연구원, 통일부 통일정책 자문위원, 국회 외교통일위원회 자문
위원, 민주평화통일자문회의 상임위원을 역임하였다.
대표 저서로는 『평양 오디세이』(2022), 『한반도 스케치北』(2021), 『북조선 일상다반사』(2021),
『속삭이다, 평화』(2020), 『북한 사회통제체제의 기원』(2018) 등이 있다.

# 한반도 오디세이

초판 1쇄 인쇄   2023년 04월 24일
초판 1쇄 발행   2023년 04월 28일

**지은이**  정일영
**펴낸이**  윤관백
**펴낸곳**  선인
**등 록**  제5-77호(1998. 11. 4)
**주 소**  서울시 양천구 남부순환로 48길 1(신월동 163-1) 1층
**전 화**  02)718-6252/6257 | **팩 스**  02)718-6253
**E-mail**  sunin72@chol.com

**정 가**  14,000원
**ISBN**  979-11-6068-812-2 93300

* 잘못된 책은 바꿔 드립니다.
** 이 책의 일부 칼럼은 《가까운 미래 평양-남북물류포럼 칼럼집》에 공동으로 게재되었음을 밝힙니다.

# 한반도 오디세이

정일영 지음

▶ 윤석열 정부의 대북정책을 논하다 ━━━━

◀ 새로운 남북관계를 설계하자

▲코로나 시대의 북한은 안녕한가

▽길 잃은 통일을 다시 꿈꾸다

# THE
# KOREAN
# ODYSSEY

◀ 한반도 비핵화, 허무창이 답인가

▲ 네 번째 공간혁명, '평화의 경제'를 이끌리가

선인

코로나19 팬데믹이 사그라들며 스위스와 이탈리아를 여행한 적이 있었다. 스위스의 알프스 산맥을 넘어 이탈리아로 넘어가는 버스 안에서 나는 처음 느껴보는 감성에 휩싸였다.

"아.. 이게 대륙에서 반도로 가는 느낌이구나."

한국으로 돌아와 친구들에게 그때의 그 묘한 느낌을 말했는데, 그런게 어딨냐고 핀잔을 준다. "아니다, 아니야! 우리에게 반도의 DNA가 흐르고 있는 거야." 혼잣말을 중얼거렸다.

그렇다. 우리는 광활한 유라시아 대륙과 끝없이 펼쳐진 태평양을 잇는 한반도에 살고 있다. 하지만 한반도의 남과 북은 지난 70년간 서로를 막아서고, 뒤돌아 반대쪽만을 보며 살아왔다. 남북의 이 질긴 악연(惡緣)을 어떻게 다시 풀어 상생의 연(緣)으로 만들 수 있을까?

하지만, 나는 무력했다. 어느 날 문득, 그저 한탄만 늘어놓고 있는 나

자신을 보며 자괴감을 느꼈다. 그래 담벼락에 대고 소리라도 지르자! 그렇게 세상에 작은 목소리를 내기 시작한 것이 오마이뉴스에 실은 나의 칼럼 〈한반도 오디세이〉이다.

2022년은 전에 없었던 북한의 도발이 하루가 멀다하고 발생했다. 새롭게 들어선 윤석열 정부와 한미동맹도 물러설 생각 없이 대응했다. 애초에 한 달에 한, 두 번 쓰려던 칼럼은 매주 이어졌고 이렇게 책으로 엮여 세상에 나오게 되었다. 이 책은 〈한반도 오디세이〉에 연재한 칼럼을 현재의 시점에서 새롭게 수정·보완한 것이다.

이 책은 지난 일 년간 한반도에서 일어난 갈등을 분석하고 그 원인과 해결 방안을 모색한 결과물이다. 그야말로 이 시대를 살아가는 우리들의 '한반도 오디세이'이다. 어두운 터널 속에서 대안을 찾지 못해 고통스러웠던 밤이 하루 이틀이 아니었다. 하지만 그 고통들이 결과를 만들어냈고 부족한 나의 몸부림에 공감하는 독자들의 응원에 다시 힘을 내곤 했다.

이 책은 여섯 개의 장으로 구성되어 있다. 1장에서는 새롭게 출범한 윤석열 정부에 대한 기대와 우려를 담았다. 개인적으로 권영세 통일부 장관에 대한 기대가 많았던 만큼 행동하지 않는 '담대한 구상'에 행동할 것을 요구했다.

2장은 코로나19 팬데믹을 지나며 스스로 고립의 길을 가고 있는 북한을 다루었다. 특히 북한의 위기와 그에 따른 붕괴론에 대해 '위기'를 통해 생존하는 북한을 새로운 시각에서 바라볼 것을 제안했다.

3장에서는 날이 갈수록 격화되고 있는 위태로운 한반도에서 평화의 길을 모색했다. 과거 한반도 갈등의 대당이었던 남방 3각연합(한미일)과 북방 3각연합(북중러)의 재건을 막고 한반도 평화지대를 선언하자고 강조하였다.

4장에서는 한반도 비핵화의 역사적 여정을 재평가하고 새로운 대안을 모색해 보았다. 특히 미국의 한반도 비핵화 전략이 왜 실패했는지 분석하고 미국이 한반도 평화를 위해 더 많은 책임을 져야 한다고 주장했다. 또한 최근 강화되고 있는 핵무장론이 한반도 비핵화의 대안이 될 수 있는지 평가하였다.

5장은 얼어붙은 남북관계를 돌아보고 새로운 미래를 설계해 보았다. 무엇보다도 남북관계의 불안정이 나약한 남북합의서로부터 시작됐음을 비판하고 법·제도적 보완을 제안했다. 또한 아날로그적 남북관계를 디지털 시대에 맞게 개편할 필요가 있으며 이제는 사회문화 교류가 남북관계의 중심에 서야 함을 강조했다.

6장에서는 길 잃은 통일을 다시 꿈꾸자고 호소했다. 먼저 '당위'가 아닌 '선택'이 된 통일을 냉정하게 평가하고 시민사회가 주도하는 새로운 통일방안 논의를 제안하였다. 또한 미래세대가 통일의 국면에서 스스로 선택할 수 있는 통일, 남과 북이 함께 논의할 수 있는 열린 통일방안을 준비하자고 강조하였다.

〈한반도 오디세이〉를 연재하며 나 스스로의 생각을 정리하고 다시 한번 내가 사는 세상을 이해하는 소중한 경험을 가질 수 있었다. 또한 내가 쓰는 글의 의미와 무게를 새삼 실감하며 겸손해지는 시간이었다. 이제 더 많은 이들과 한반도에 대해 이야기하고 지혜를 나누려 한다. 최근에는 영문 블로그 〈The Korean Odyssey〉를 통해 세계의 친구들과 교류를 시작했다.

마지막으로, 함께 공부하고 응원하며 힘이 되어준 통일미래아카데미, 평양학연구회, 남북북스터디 가족들에게 감사의 인사를 드린다. 또한 저의 칼럼에 응원과 따끔한 조언을 아끼지 않은 독자님들, 제가 걷는 연구자의 길을 한결같이 지지해주신 아버님과 어머님, 그리고 누님에게도 지면을 빌려 사랑한다는 말을 남깁니다. 이 책의 출판을 기꺼이 맡아주신 도서출판 선인의 윤관백 대표님, 원고 수정과 편집 과정에서 배려해주시고 궂은일을 도맡아 주신 선인 편집팀 여러분께도 특별히 감사드린다.

한반도는 우리가 살아가는 일상의 공간이자 반드시 지켜가야 할 생명의 터전이다. 나는 우리 스스로 이 소중한 생명을 지켜나갈 것을 제안한다. 더 이상 정치인에게, 미국에게, 북한에게 우리의 생명을 양도하지 말자. 우리 스스로 피스메이커(peacemaker)가 되어 한반도에서 평화를 지켜내고 통일을 이뤄내자.


서강대학교 다산관에서
정일영 드림

THE
KOREAN
ODYSSEY

# V. 새로운 남북관계를 설계하자

# VI. 길 잃은 통일을 다시 꿈꾸다

# I

# 윤석열 정부의
# 대북정책을 논하다

# 1

## 통일부는 무엇으로 존재하는가?

"대한민국은 통일을 지향하며, 자유민주적 기본질서에 입각한 평화적 통일정책을 수립하고 이를 추진한다."

－「대한민국 헌법」제4조 －

우리 헌법에서 통일은 국가의 책무로 규정되어 있다. 대한민국의 대통령 또한 "조국의 평화적 통일을 위한 성실한 의무"를 진다.(제66조) 하지만 이렇게 중요한 통일 과업을 책임지는 통일부는 정권교체에 따라 조직의 존폐를 걱정해 왔다.

이 글에서 나는 통일부가 '통일'을 준비하는 정부 조직으로서 그 역할을 다하고 있는지 질문하려 한다.

### 통일부의 '생존 투쟁'과
### 조직의 왜곡

우리 「정부조직법」에 따르면, 통일부 장관은 "통일 및 남북대화 · 교류·협력에 관한 정책의 수립, 통일교육 그 밖에 통일에 관한 사무를 관장"하도록 규정하고 있다.(정부조직법 제31조) 「정부조직법」에 명시되어 있듯이 통일부의 정체성은 남북대화와 교류·협력 그리고 통일을 준비하는데 있다.

그렇다면 통일부는 본연의 업무에 전력을 다하고 있는가? 나의 시각에서 그 대답은 부정적이다. 안타깝게도 통일부는 정권교체에 따라 생존 투쟁을 반복해 왔다. 특히 이명박 정부에서 추진된 통일부 폐지는 결과적으로 실패했으나, 조직은 깊은 상처를 받았다. 당시 적지 않은 관료들이 통일부를 떠난 후, 통일부는 본연의 업무가 아닌 생존을 위해 싸워야 했다.

그 결과 통일부의 핵심 업무로 '북한이탈주민에 대한 보호와 지원 업무'가 자리 잡게 되었다. 통일부의 2023년 예산안에서 일반회계 사업비(1,560억 원) 중 북한이탈주민 지원 예산(872억 원)은 약 56%에 달하고 있다. 전체 사업비 예산의 과반이 넘는 규모다.

북한이탈주민의 보호와 지원은 반드시 필요한 우리 정부의 책무이다. 그 중요성에 대해 추호도 의문을 제기하고 싶지 않다. 다만 통일부는 '통일부'여야 한다. 앞서 언급한 바와 같이 통일부의 업무는 "통일 및 남북대화·교류·협력에 관한 정책의 수립, 통일교육, 그 밖에 통일에 관한 사무"이다.

최근 국회와 북한인권단체를 중심으로 북한이탈주민 지원을 담당하는 주무 부처를 행정안전부로 이관하자는 의견이 제기되고 있다. 관련하여 북한이탈주민에 대한 기본적인 지원 업무는 행정안전부로 이관하고 남북 주민의 사회통합 프로그램과 북한이탈주민에 대한 맞춤형 지원은 통일부가 지속하는 방안을 논의할 필요가 있다.

# 북한인권 문제, 통일부 소관으로 적절한가?

윤석열 정부는 북한인권 문제 해결을 통일부의 5대 핵심 추진과제 중 하나로 제시하였다. 국회의 이사 추천이 지연되며 미뤄진 북한인권재단을 조기에 출범시키고 북한을 상대로도 인권문제 해결을 요구하겠다는 것이다. 윤석열 정부의 의지와는 별개로, 지금까지 남북 당국은 단 한 번도 북한인권 문제를 협상의제로 다뤄보지 못했다.

지금까지 진보 정부는 남북관계를 진전시키는 과정에서 북한인권을 소홀히 했고, 보수 정부는 북한인권 문제를 강조한 만큼 대화 테이블을 만드는 것조차 어려웠다. 북한인권 문제의 정당성을 떠나 남북대화에서 논의하기 어려운 구조적 한계가 존재하는 것이다. 이제 질문해 보자. 북한인권 문제를 통일부가 다루는 것이 적절한가?

지금까지 보수와 진보를 떠나 북한인권 개선 노력은 남북대화가 아닌 국내와 국제사회를 주 무대로 진행되었다. 사정이 이렇다면 통일부가 반드시 북한인권 문제를 담당해야 하는 이유는 무엇인가?

나는 북한인권 문제를 법무부, 혹은 국가인권위원회가 담당할 것을 제안하고 싶다. 통일부는 「북한인권법」에서 규정하고 있는 두 가지 업무 중 대북 인도적 지원 업무를 담당하고 북한인권 문제는 법무부(혹은 국가인권위원회)로 이양하자는 것이다. 관련하여 법무부는 이미 북한인권기록센터의 자료를 보존·관리하는 역할을 담당해왔다. 국가인권위원회 또한 인권의 도구화를 지양하고 한반도의 시각에서 국제사회와 협력할 수 있는 기관이다.

# 통일부는 남북 간 교류·협력과
# 통일 준비에 전력을 다해야

최근 권영세 통일부 장관은 '사통팔달', 즉 "사방에서 통일 문제를 논의하고 팔방으로 이어 달리기를 해나가면서 통일정책에 대한 우리 국민들의 진솔하고 다양한 의견을 수렴하고 통일 공감대를 확산시켜 나가겠다"며 새로운 통일방안 논의를 제안했다. 또한, 이산가족 문제의 근본적 해결을 위한 남북회담을 공식 제안한 바 있다. 이제 우리는 통일부가 본연의 책무에 전력할 수 있도록 지원해야 한다.

최근 몇 년간 통일부는 정부업무평가에서 꼴찌를 도맡아 왔다. 이 얼마나 어리석은 평가인가? 통일부는 반드시 할 수 있는 일만 하는 부서가 아니며 그래서도 안된다. 통일부는 미래의 한반도를 설계하는 조직이다. 남북관계가 경색되고 한반도 위기가 지속된다 하더라도 통일부의 정체성을 훼손시키거나 헌법이 부여한 통일의 책무를 왜곡시키는 일은 없어야 한다.

통일부가 '통일'을 위한 부서이기 위해서는 남북관계의 어려움 속에서도 끊임없이 대화를 요구하고 교류하며, 통일을 준비하는 노력을 멈추지 말아야 한다. 이와 같은 이유로 나는 통일부가 북한이탈주민 지원 업무와 북한인권 관련 업무를 타부서로 이관하고 남북관계 발전과 통일교육, 통일 준비에 더 많은 지혜와 역량을 집중할 것을 제안한다.

통일부 업무에 관한 조정은 「북한인권법」과 「북한이탈주민의 보호 및 정착지원에 관한 법률」 등 소관 법률에 관한 개정을 필요로 한다. 통일부가 통일부 본연의 일에 집중하고 전력을 다할 수 있도록 정부와 국회, 시민사회가 함께 지혜를 모아야 할 것이다.

# 2

## 보수 정부의 대북통일정책에 대한 기대와 우려

2022년 윤석열 정부의 출범은 문재인 정부와 차별화된 정책이 추진됨을 의미했다. 윤석열 대통령은 대선 과정에서 다른 어떤 분야보다도 이전 문재인 정부의 대북정책에 강한 비판을 가했다. 이준석 당시 국민의힘 대표 또한 통일부 폐지를 여러 차례 주장하며 차별화된 대북정책을 예고했었다.

이런 이유로 윤석열 정부에서 통일부가 생존할 수는 있을지, 만약에 생존한다면 초대 통일부 장관은 누가 될지, 통일분야의 많은 이들이 관심을 가지고 지켜봤다. 그렇게 통일부 장관으로 지명된 이가 바로 권영세 장관이다.

권영세 통일부 장관은 국회의원을 네 번 역임한 정치인으로 독일연방법무부 파견 검사로 일한 바 있으며 2013년부터 2년간 주중국 대사로 외교 경험을 쌓았다. 그는 클레이 클레멘스(Clay Clemens)의 『서독 기민/기사당의 동방정책』을 번역해 출간하는 등 독일 통일의 경험, 특히 서독의 보수 집권당이 펼친 대동독정책과 통일정책을 한반도에 적용하는데 관심을 갖고 관련 분야 정책을 개발해 온 합리적 보수 인사이다.

## 이명박 정부와 달랐던 시작,
## 남북합의에 대한 존중

우리나라에서 정권교체는 대북정책의 단절을 의미할 정도로 남북관계가 리셋(reset)되는 경우가 많았다. 2008년 등장한 이명박 정부는 기존의 남북합의, 특히 2000년 〈6.15남북공동선언〉과 2007년 〈10.4남북정상선언〉 계승을 주저하며 남북관계의 신뢰를 훼손시켰다. 남북합의서가 국내법적 효력을 보장받지 못한 상황에서, 남북 정상 간 합의라 하더라도 정권교체가 이를 무력화 시킬 수 있음을 보여준 것이다.

다만 권영세 통일부 장관은 국민의 힘에서 통일부 폐지론이 제기될 때 반대한 몇 안 되는 내부 인사였다. 권영세 장관은 통일부 폐지론에 대해 "통일부의 존재는 그 자체로 우리의 통일 의지를 확고하게 천명한다는 점에서도 큰 의미가 있다"며 "통일부는 존치되어야 하고, (관련해서) 언행을 신중히 할 필요가 있다"고 반대 입장을 분명히 했다.

무엇보다도, 2022년 5월 진행된 통일부 장관 인사청문회에서 기존의 남북 합의에 대해 그가 언급한 부분은 시사하는 바가 크다. 권영세 당시 내정자는 문재인 정부 당시 남북이 체결한 4.27 〈판문점선언〉과 9.19 〈평양공동선언〉에 대한 입장을 묻는 질문에 "전체적으로 긍정적으로 평가한다"며, 해당 "합의는 새 정부에서도 계속 유효할 것"이라고 답했다.

권 장관은 또한 "정권교체기마다 지난 정부에 대해 완전히 반대로 가는 것은 적절하지 않다"고 지적하고, "대북정책은 이어달리기가 돼야 한다"며 "문재인의 모든 것을 뒤집는다는 것은 북한에도 혼란을 줄 수가 있다"고 강조했다. 과거 이명박 정부와는 다른 길을 선택한 것이다.

## '권영세'표 대북·통일정책은
## 무엇인가?

예상하지(?) 못한 권영세 장관의 전향적인 발언을 우리는 어떻게 해석해야 할까? 이는 권영세 장관 스스로가, 서독의 보수정당이 어떻게 빌리 브란트(Willy Brandt)로 대표되는 동방정책을 받아들이고 중도실용의 관점에서 활용했는지 천착한 결과라 할 수 있다. (이와 관련해 그의 역서 『서독 기민/기사당의 동방정책』을 추천한다)

남북 간의 대치가 지속되고 있는 상황에서 윤석열 정부의 대북정책을 예단하기는 어렵다. 여전히 윤석열 정부의 대북정책이 과거 이명박 정부가 추진했으나 실패한 정책으로 평가받는 '비핵·개방·3000'의 2.0 버전이 아니냐는 비판도 제기된다.

다만 앞으로 구체화 될 권영세표 대북·통일정책은 이전의 보수 정부와 다른 무언가를 기대케 한다. 특히 이명박 정부의 선비핵화론과 달리, 북한에 대한 경제 지원뿐만 아니라 체제 보장을 언급한 부분도 특기할만하다. 그는 북한이 핵을 개발하는 근본적인 이유와 관련해 "북한이 체제 위협을 느끼고 있는 부분은 분명"하다 지적하고 이를 해결하기 위해 '제재'와 '경제협력'의 투트랙(two track) 전략이 필요하다고 강조했다. "(대북)제재 해제 및 지원과 비핵화가 톱니바퀴처럼 맞물려 돌아가야 한다"는 것이다.

## 권영세 장관이
## 넘어야 할 산들

권영세 장관이 넘어야 할 과제들 또한 만만치 않다. 2019년 하노이 북미정상회담 이후 대화를 거부하고 있는 북한을 어떻게 대화 테이블로 불러내느냐가 첫 번째 과제이다. 또한, 보수와 진보를 떠나 북한 문제를 주도하려 하는 대통령실(국가안보실)과 힘겨루기도 해야 한다.

권영세 장관은 남북관계가 악화된 상황에서도 꾸준히 남북대화를 강조하며 자신의 소신을 지키고 있다. 통일부 장관 인사청문회 당시 권 장관이 한 이야기가 기억에 남는다. 그는 "진보 정부에 부러운 부분은 북한이 좀 더 대화를 많이 하는 편이었다는 것"이라며 "북한에 진정하게 뜻을 담아 북한이 필요로 하는 부분을 찾아 대화를 제의한다면, 보수 정부라고 해도 대화를 시작해 비핵화로 가는 길을 만들 수 있지 않겠냐는 긍정적인 생각으로 임"하겠다는 의지를 밝힌 바 있다.

북한과의 대화를 원하는 보수정권의 통일부 장관, 여전히 어려운 과제들이 산적해 있음에도 불구하고 권영세표 대북·통일정책이 제대로 날개를 펼칠 수 있길, 대화하는 보수, 합리적 보수의 성공한 대북정책을 펼칠 수 있길 기대해 본다.

# 3

## 윤석열 정부의 '담대한 구상', 행동이 필요하다

　윤석열 정부가 출범하고 대북정책으로 〈담대한 구상〉을 꺼내놓은 이후 적지 않은 논쟁이 지속되고 있다. 담대한 구상에 대한 찬반 논쟁은 다소 편향적인 지지와 비판으로 나뉘어 취사 선택된 언어들로 혼란을 부추긴 점이 없지 않다. 나는 이글을 통해 최대한 '있는 그대로'의 담대한 구상을 꼼꼼하게 들여다보려 한다.

### 〈담대한 구상〉,
### 있는 그대로 보기

　통일부에 따르면, '담대한 구상'은 "북한의 비핵화 조치와 우리의 경제·정치·군사적 조치의 동시적·단계적 이행을 통해 비핵·평화·번영의 한반도를 함께 만들어 나가자는 제안"이다. 한반도 비핵화와 남북관계를 선순환으로 발전시켜 한반도 평화를 이루겠다는 것이다.

　윤석열 정부의 대북·통일정책은 크게 세 가지 목표를 제시하고 있다. 첫째, 북한 비핵화와 경제·정치·군사적 상응 조치를 동시적·단계적으로 이행함으로써 북핵 문제를 해결한다. 둘째, 역대 정부에서 이룬 남북 합의 정신을 존중하면서 그 성과는 이어받아 원칙 있고 실용적인 남북관계를 추진한다. 셋째, 국민과 국제사회가 함께하는 평화통일의 토대를 마련한다는 것이다.

윤석열 정부가 추진하는 대북·통일정책은 두 가지 점에서 이전의 보수 정부와 차이를 보인다. 첫 번째로, 기존의 남북 합의에 대한 관점이다. 남북 간 합의한 것은 "작은 것이라도 반드시 이행하는" 구조와 관행을 정착시키겠다는 것이다. 권영세 통일부 장관 또한 인사청문회를 통해 기존의 남북 합의를 존중할 것이며 '이어달리기'를 하겠다고 강조한 바 있다.

두 번째로, 윤석열 정부의 통일·대북정책은 이전의 보수 정부가 先비핵화를 고집하거나, 대안 없이 '통일대박'을 외쳤던 것과는 다른 차별성을 보인다. 담대한 구상은 "북한이 비핵화에 대한 확고한 의지만 보인다면, 초기 단계에서부터 과감하고 선제적인 조치"를 취하고 "북한 비핵화와 경제·정치·군사적 상응조치를 동시적·단계적으로 이행해 나갈 것"이라 강조한다.

윤석열 정부가 남북 합의를 존중하고 한반도 비핵화 과정에서 동시적·단계적 상응 조치를 제안하며 북한의 안보 우려 해소를 위한 단계적 조치를 언급한 점은 분명 이전의 보수 정부에서 볼 수 없었던 변화이다. '텍스트상으로는' 그렇다는 것이다.


### 결국, 내용이 아닌
### 주체의 의지가 더 큰 문제

나는 윤석열 정부의 한반도 전략에 비판적인 입장을 견지해 왔다. 그러나 무턱대고, 단지 보수 정부이기 때문에, 덮어 놓고 담대한 구상을 비난할 생각은 없다. 냉정하게 분석해야 문제점을 파악하고 대안을 모색할 수 있기 때문이다. 솔직히 담대한 구상은 이전의 보수 정부와 다르며 이전의 진보 정부를 일정부분 계승하겠다는 의지를 담고 있다.

필자가 분석한 결과, 문제는 담대한 구상의 내용에 있지 않다. 그렇다면 무엇이 문제인가?

첫 번째로, 남북은 서로에 대한 신뢰를 잃은 지 오래다. 서로에 대한 신뢰 회복 없이 아무리 좋은 대북정책이 만들어진다 해도 유명무실할 뿐이다. 그렇다면 다시 신뢰를 회복하기 위해 어떻게 할 것인가? 남북의 신뢰 회복 방안은, 단순하게도 기존의 남북 합의에서 찾을 수 있다. 무엇보다 2018년 〈9월 평양공동선언〉과 〈판문점선언 이행을 위한 군사분야 합의서〉를 복원하고 지켜나가면 된다.

먼저, 남북은 〈남북 군사분야 합의서〉에서 약속한 바와 같이, 한반도에서 군사훈련과 도발을 중단하고 〈평양공동선언〉에서 합의한 대로 개성공단과 금강산을 최우선으로 재개하기 위해 노력해야 한다. 이 과정에서 대북제재가 한반도 비핵화에 실효적인 역할을 담당할 수 있도록 스냅백(조건부 이행) 조치를 강구할 필요가 있다. 불가피하다면 국제사회의 대북 제재레짐에서 벗어나 남북이 스스로의 합의를 이행하는 결단을 내려야 한다.

두 번째로, 우리 정부가 이 구상을 실제로 이행할 의지와 능력이 있느냐는 것이다. 먼저 윤석열 정부의 담대한 구상이 통일부 버전과 대통령실 버전으로 행위 주체에 따라 다른 관점에서 활용되고 있다. 보수의 포용정책을 추구하는 권영세 장관(통일부)의 관점과 달리, 대통령실과 여당의 분위기는 제재를 통한 굴복, 先비핵화론에 가까워 보인다.

또한, '담대한 구상'은 비핵화와 남북관계를 선순환으로 진전시키기 위해, 북미관계 정상화를 이 선순환의 고리에 연결해야 한다. 북한은 1993년 제1차 북핵위기 이후 비핵화의 대가로 북미관계 정상화를 끊임없이 요구해 왔다. 그러나 미국은 지금까지 북미관계 정상화와 관련된 어떤 조치도 이행한 바 없다. 과연 윤석열 정부는 담대한 구상을 이행하기 위해 미국을 설득할 준비가 되어 있는가?

## 담대한 구상이
## 현실이 되길 바란다

담대한 구상은 최소한 '텍스트상으로는' 필자의 입장, 그리고 이전 정부의 대북정책과도 크게 다르지 않다. 그러나 앞서 언급한 바와 같이 윤석열 정부가 이 구상을 있는 그대로 이행할 의지와 능력이 있는지, 남북, 북미 관계를 정상화하기 위해 필요한 조치를 '담대하게' 취할 준비가 되어 있는지 의문이다.

윤석열 정부가 진정으로 담대한 구상이 현실화되길 바란다면, 아니 그런 의지가 있다면, 먼저 행동해야 한다. 단지 북한이 핵실험을 하면, 무력도발을 하면, 한미동맹의 강력한 힘으로 '담대하게' 대응하겠다는 것은, 우리가 이해한 담대한 구상과는 달라도 한참 다르다. 먼저 한반도에서 군사훈련을 중단하자. 그리고 남북 간, 북미 간 신뢰를 회복하기 위해 먼저 행동하자. 프란치스코 교황의 방북과 중국의 건설적인 역할도 요청하자.

이것이 진정 담대한 구상이며 행동이다.

## 윤석열 정부의 '비핵·평화·번영의 한반도' 정책

통일부는 2022년과 2023년 '대통령 업무 추진계획 보고', 그리고 『비핵·평화·번영의 한반도』 책자를 통해 윤석열 정부의 대북·통일정책으로 '비핵·평화·번영의 한반도'를 제시하고 있다. 이 글에서는 윤석열 정부의 대북·통일정책을 간단히 정리함으로써 독자의 이해를 돕고자 한다.

### 윤석열 정부의 대북·통일정책
### '비핵·평화·번영의 한반도' 구상

윤석열 정부의 대북·통일정책은 〈비핵·평화·번영의 한반도〉를 비전으로 제시하고 있다. 언뜻 이명박 정부의 〈비핵·개방·3000〉 전략을 떠올릴 수 있지만, 구체적인 각론에 들어가면 차이를 느낄 수 있다.

통일부는 〈비핵·평화·번영의 한반도〉를 구현하기 위한 3대 원칙을 제시하고 있는데, ①일체의 무력도발 불용, ②호혜적 남북관계 발전, ③평화적 통일기반 구축이 그것이다.

그리고 이를 추진하기 위한 5대 핵심추진과제로 ①비핵화와 남북 신뢰구축의 선순환, ②상호 존중에 기반한 남북관계 정상화, ③북한 주민의 인권 증진과 분단 고통 해소, ④개방과 소통을 통한 민족동질성 회복, ⑤국민·국제사회와 함께하는 통일 준비를 제시하고 있다.

윤석열 정부의 대북·통일정책이라고는 하나, 전체적으로 권영세 통일부 장관의 통일관과 대북관이 투영된 구상임을 알 수 있다. 아마도 권영세 장관이 아니었다면 나오기 어려운 구상이 아닌가 생각된다. 상호신뢰에 기반해 남북관계를 회복하려는 입장, 비핵화와 남북 간 신뢰 구축의 선순환을 추진하겠다는 의지, 그리고 변화된 한반도 정세에 맞는 새로운 통일방안을 모색하겠다는 점이 그러하다.

### '비핵·평화·번영의 한반도' 정책
### 무엇이 담겨 있나?

첫 번째로, 한반도 비핵화에 대한 구상은 상호신뢰와 존중, 선순환과 단계적·동시적 접근을 강조하고 있다는 점에서 긍정적이다. 통일부는 상호간 호혜성을 바탕으로 지속가능한 남북관계를 정립하고 소위 '담대한 구상'을 통해 북한의 실질적 비핵화 조치에 상응하는 단계별 대북 경제협력과 안전보장 방안을 마련하겠다고 강조했다.

무조건적인 先핵폐기론에서 벗어나 북한의 안전보장에 대한 우려 또한 해결하겠다는 것이다. 이와 관련해 통일부는 "북한이 핵개발 명분으로 삼거나 핵개발 과정에서 우려를 표명하는 것 중 하나가 안보 문제"라면서 "담대한 계획엔 경제지원뿐 아니라 북한의 안보 분야 우려사항도 같이 해소하는 방안을 담을 것"이라고 밝혔다. "북한이 더 이상 핵을 개발할 필요를 느끼지 못하는 수준까지의 내용을 담아서 북한에 제시"하겠다는 것이다.

윤석열 정부 출범 당시 대북정책에서 先핵폐기론이 강조될 것이란 우려와는 달리 북한이 주장하는 안전보장 문제를 회피하지 않고 다루겠다는 것은 분명 평가할 만하다. 대북제재만으로 북한이 핵을 포기할 가능성은 매우 낮아보이기 때문이다. 관련하여 통일부가 준비할 '담대한 구상'이 구체적인 행동으로 이어질 수 있을지 궁금하다.


### 뜨거운 감자,
### 북한인권 문제의 해결

두 번째로, 북한인권 문제 해결을 강조한 부분은 문재인 정부와의 차별성을 부각한 부분이다. 특히, 북한인권 문제를 담당하게 될 북한인권재단 출범을 강조하고 북한 주민의 인도적 상황을 개선하기 위해 정치·군사적 고려 없이 인도적 협력을 일관되게 추진한다는 것이다.

다만 북한인권재단이 정쟁이 난무하는 전쟁터가 되지 않을까 우려된다. 이를 방지하기 위해서는 재단 이사회가 인권문제를 정치적 도구로 활용하는 우를 범하지 않도록 합리적인 인사로 구성되어야 한다. 또한, 「북한인권법」에 따라 구성되는 '북한인권증진 자문위원회'가 정치적 영향에서 벗어나 본연의 임무를 수행할 수 있도록 여야가 시민사회의 의견을 반영해 추천할 필요가 있다.

추가적으로, 북한인권 문제와 대북 인도적 지원을 한 바구니에 담는 것이 적절한지에 대한 논의가 필요하다. 「북한인권법」은 '북한인권증진기본계획'에서 "남북인권대화와 인도적 지원 등 북한주민의 인권 보호 및 증진을 위한 방안"을 수립하도록 명시하고 있다.(제6조) 북한인권재단의 사업 또한 '남북인권대화 등 북한인권증진'과 '인도적 지원 등 북한인권증진'이 병기되어 있다.(제10조)

북한 주민의 인도적 상황 개선이 넓은 의미에서 북한 인권문제와 중첩되어 있다 하더라도, 북한인권재단이 대북 인도적 지원에 관여하는 것은 남북관계의 현실을 제대로 반영하지 못한 것이다. 현재 국회에 「남북 인도적 협력에 관한 법률안」이 상정되어 있는 만큼 이와 관련된 국회와 시민사회의 추가적인 논의가 반드시 필요하다.

### 민족동질성 회복과 새로운 통일방안 구상

세 번째로, 〈비핵·평화·번영의 한반도〉 정책은 민족동질성을 회복하고 새로운 통일방안을 모색하겠다는 비전을 담고 있다. 먼저 민족동질성 회복을 위해 민족·역사·종교문화 등을 중심으로 사회문화교류를 일관되게 추진하겠다는 의지를 밝힌 점이 눈에 띈다. 그리고 소식을 전하는 사업, 즉 언론, 출판, 방송 등의 단계적 개방을 통해 상호 이해와 공감대를 넓혀가겠다는 구상 또한 긍정적으로 평가하고 싶다.

또한 우리 정부의 공식 통일방안인 〈민족공동체통일방안〉을 계승·발전시키겠다는 포부를 밝혔다. 2024년 '민족공동체통일방안 30주년'을 계기로 새로운 통일방안 발전안을 마련하겠다는 것이다.

지난 30년간 한반도 정세와 남북관계에서 많은 변화가 있어 온 만큼 새로운 통일방안에 대한 논의는 분명 필요하다. 이와 관련하여 학계와 시민사회의 논의도 확대되고 있다. 다만 새로운 통일방안을 논의하는 과정에서 우리 사회의 지혜와 공감대를 모으는 노력이 병행되어야 한다. 〈민족공동체통일방안〉은 과거 노태우 정부와 김영삼 정부가 국회, 특히 야당과 적극적으로 소통하고 논의하며 함께 만든 통일방안이었다.

결국 정부가 새로운 통일방안을 모색하는 과정에서 국회, 무엇보다도 야당과 적극적으로 소통할 필요가 있다. 또한 시민사회와 학계와도 폭넓은 공감대를 형성하기 위해 노력해야 할 것이다. 만약 이런 절차가 무시된다면 단지 윤석열 정부만의 통일방안으로 남을 가능성이 높다.

## 남북신뢰의 회복과
## 소통의 대북정책을 기대한다

미중경쟁과 우크라이나 전쟁, 코로나19 팬데믹과 남북관계의 단절 등 한반도 정세는 분명 답답함을 넘어 암울하다. 그럼에도 불구하고 윤석열 정부의 〈비핵·평화·번영의 한반도〉 정책은 몇 가지 우려에도 불구하고 기대감을 갖게 하는 것 또한 사실이다.

나는 앞서 제대로 된 보수의 대북정책, 권영세표 통일정책에 대한 기대를 밝힌 바 있다. 솔직히 통일부의 계획이 안정적으로 추진될 수 있을지 우려되는 부분이 없지 않다. 외부의 문제뿐만 아니라 정부 내부의 문제가 더 큰 난관으로 다가올 가능성 또한 높다. 여러 난관 속에서도 통일부가 남북 간 신뢰를 회복하고 스스로 제시한 계획들을 성공적으로 이행할 수 있길 기대한다.

# 4

# 북한인권, 보수와 진보의 이상한 경계 넘기

우리는 북한인권 문제를 다룰 때 공수(攻守)가 뒤바꾼 보수와 진보의 모습을 종종 보게 된다. '북한인권' 앞에서 보수는 인권의 '투사'가 되고, 진보는 슬그머니 눈을 감는다. 어떻게 이런 일이 발생한 걸까?

### #에피소드 1

내가 만난 탈북자 중 스스로를 '혁명가'로 칭한 이가 있었다. 그는 동유럽의 체제 전환을 보며 북한 체제에 대한 저항 의식을 가지게 되었고 그의 그런 생각과 행동이 문제가 되어 탈북하게 되었다고 했다. 그렇게 한국 사회에 정착한 그는 혼란스러운 상황을 맞이하게 된다. 그의 이야기를 들어줄 줄 알았던 남한의 진보는 그를 외면했고 보수가 그의 손을 잡아줬다는 것이다. 왜 남한의 진보는 북한인권 문제에 침묵하냐는 그의 물음에 나는 대답할 수 없었다.

### #에피소드 2

지금은 퇴임하신 서강대 손호철 교수님은 우리나라의 대표적인 좌파

학자로 잘 알려져 있다. 필자가 대학원을 다니던 시절 그의 강연을 들은 적이 있다. 그는 남한의 진보가 북한 인권문제에 침묵하는 것이 언젠가는 부메랑이 되어 돌아올 것이라고 안타까워했다. 사실 그 강연의 주제가 무엇이었는지조차 기억나지 않는다. 하지만 그가 한 이 한마디만은 내 머릿속에 깊이 남아 있다.

## 북한인권 문제는
## 존재하는가?

1948년 〈세계인권선언〉은 제1조에서 "모든 인간은 태어날 때부터 자유로우며 그 존엄과 권리에 있어 평등하다. 인간은 천부적으로 이성과 양심을 부여받았으며 서로 형제애의 정신으로 행동하여야 한다"고 선언하였다. 이러한 인권선언의 언명으로부터 완전히 자유로운 국가 혹은 사회 공동체는 아마도 없을 것이다. 다만 그 이상(理想)을 향해, 우리의 인권을 지키기 위해 노력해야 한다.

북한은 '우리식 인권'이란 개념을 제시하고 '개인은 집단의 한 구성원으로서 사회적 인권을 가진다'고 주장한다. 서양과 동양의 인권관이 다르듯 국가 간 문화적 특수성이 존재하는 것은 분명하다. 다만 그럼에도 불구하고, 북한의 인권실태는 문화적 상대성을 이야기하기에는 인류 보편의 넓은 시각에서 바라보더라도 매우 심각하다. 식량난(고난의 행군) 당시 탈북자들이 전한 차마 입에 담기 힘든 참혹한 인권 침해 사례는 글로 전하기 어려울 정도이다.

여기서 북한인권 문제의 실태를 나열하지는 않겠다. 보수와 진보를 떠나 이 문제에 대한 어느 정도의 공감대가 우리 사회에 형성되어 있다고 믿는다. 그렇다면 무엇이 문제인가?

## 북한인권 문제와 반(反) 북한체제의 중첩, 그리고 '인권'의 소외

김대중 정부 이후 확대된 남북교류협력은 북한인권 문제를 침묵하게 만들었다. 남북대화에서 교류협력과 인권문제는 하나의 바구니에 담을 수 없는 이슈였으며 인권문제를 제기한다는 것은 대화의 단절을 의미했다. 대신 김대중, 노무현 정부는 식량과 비료 등 인도적 지원을 통해 북한 주민의 굶주림을 해결하는 방식으로 인권문제를 바라봤다. 남한 내 인권단체들이 북한인권 문제에 관심을 갖고 종종 논의해 온 것은 사실이나 논의 이상의 행동으로 표출되지 못한 것 또한 사실이다.

보수 정부는 북한인권 문제를 남북관계의 중요한 이슈로 상정해 왔다. 보수는 북한체제를 부정하고 남북대화에 소극적인 모습을 보여왔다. 그렇게 북한 인권문제는 반(反) 북한체제와 동일시 되었다. 북한인권 문제가 보수의 이슈가 된 이유가 여기에 있다. 그러나 북한인권단체의 대북 활동, 예를 들어 전단지 살포와 같은 행동이 북한에서 인권문제를 해결하는데 얼마나 많은 역할을 했는지 불분명하다. 북한인권단체의 이러한 행동이 북한체제의 경직성을 강화시키고 접경지역의 긴장을 고조시켰다는 비판도 제기된다.

결과적으로 어떤 관점도 북한인권, 그 자체에 집중하지 못했다. 북한인권을 말하지만 정작 '인권'은 사라져 버렸다. 어쩌면, 한반도 분단체제하에서 인권문제는 그 자체의 문제로 다루어지기 어려운 한계를 가지고 있는지 모른다. 그렇다면 한반도의 시각에서 이 문제를 바라보면 어떨까?

## '한반도 인권'의 관점에서
## 함께 바라보기

나는 '한반도 인권'의 관점에서 인권의 가치를 중심으로 이 문제를 바라보고 연대할 것을 제안한다. '한반도 인권'의 관점이란 인권문제를 남과 북으로 나누지 말고, 정치적 이해관계를 떠나 한반도 공동체의 인권을 지키고 보호하기 위해 연대하자는 것이다.

남한의 인권단체는 더 이상 북한인권 문제에 침묵하지 말고 적극적으로 발언하고 행동할 필요가 있다. 북한인권단체 또한 남한의 인권문제에 연대할 것을 제안한다. 안타깝게도 북한인권단체가 남한의 인권문제에 함께했다는 이야기를 아직까지는 듣지 못했다.

인권문제에 남과 북이 따로 있지 않다. 첫술에 배부를 수 없다. 우선 우리 시민사회가 한반도 인권의 관점에서 남과 북의 인권문제를 다루고 국제사회와 연대하기 위한 논의를 시작해보자.

## 윤석열 정부의 북한인권정책 톺아보기

2023년 4월 14일 윤석열 정부의 첫 『통일백서』가 발간됐다. 이로써 윤석열 정부가 추진하는 대북·통일정책 관련 공식 출간물이 모두 발간된 것이다. 윤석열 정부는 지난 3월 『북한이해』와 『통일문제 이해』, 그리고 『통일교육 기본방향』을 발간한 데 이어, 『2023 북한인권보고서』를 공개한 바 있다. 지금까지 공개된 윤석열 정부의 대북·통일정책에서 눈에 띄는 부분은 북한인권 분야의 약진이다.

이 글에서는 윤석열 정부의 대북·통일정책에서 핵심 국정과제로 등장한 북한인권정책을 분석하고 발전방안에 대해 논의하려 한다.

### 윤석열표 북한인권정책
### 무엇이 담겨있나?

윤석열표 북한인권정책은 1) 북한인권 문제의 국정과제 선정, 2) 북한인권정책의 콘트롤타워 구축, 3) 북한인권 실태조사와 국내외 전파 등으로 나누어 볼 수 있다.

첫 번째로, 윤석열 정부는 대북·통일정책에서 북한인권을 핵심 과제로 선정하였다. 윤석열 정부의 대북·통일정책이라 할 수 있는 〈비핵·평화·번영의 한반도〉에서 "북한 주민의 인권 증진과 분단의 고통 해소"를 다섯 가지 중점 추진과제 중 하나로 제시하고 있다. 정부는 "북한인권 개선을 통한 주민의 자유증진과 삶의 질 향상은 '인류 보편의 가치'를 향한 발걸음"이라 지적하고 "유엔 등 국제사회의 북한인권 개선 활동과 협력을 강화하여 국제규범에 따른 보편적 가치를 실현"해 나갈 것을 강조하였다.

두 번째로, 윤석열 정부는 북한인권정책을 추진할 콘트롤타워로 북한인권재단을 조속히 출범시키기 위해 노력하고 있다. 국회의 이사추천이 지연되며 출범하지 못한 북한인권재단을 출범시켜 북한인권정책의 콘트롤타워로 삼겠다는 것이다. 다만 북한인권재단 설립이 지연되고 있는 상황에서 「북한인권법」 제정의 취지를 실질적으로 구현하기 위해 통일부 장관 자문기구인 '북한인권증진위원회'를 신설하고 범정부 차원의 북한인권 협의기구인 '북한인권정책협의회'를 통해 북한인권 관련 정책역량을 강화하고 있다.

세 번째로, 정부는 지난 3월 30일 「북한인권법」에 따라 작성된 〈2023 북한인권보고서〉를 처음으로 대중에 공개하고 북한인권의 실상을 국내외에 전파하겠다는 의지를 피력하였다. 이 보고서는 지난 6년간 통일부 산하의 북한인권기록센터에서 진행한 북한인권 실태조사를 정리한 것으로, '세계인권선언'과 '국제인권조약'의 기준에 따라 '시민적·정치적 권리', '경제적·사회적·문화적 권리' 분야의 인권 실태를 정리하고 여성과 아동, 장애인 등 취약계층과 국군포로와 납북자, 이산가족 등 특별 사안이 추가로 수록되어 있다.

관련하여 정부는 지난 4월 4일 유엔 인권이사회의 북한인권결의안에 공동제안국으로 5년 만에 참여하고 북한인권 문제에 대한 한미, 한일 간 협력을 강화하는 등 국제사회에서 북한인권 문제를 공론화하기 위해 노력하고 있다.

## 북한인권 실태조사에서 보완할 점들

필자는 인류 보편의 가치로서 북한의 인권을 개선하기 위한 우리 정부의 노력을 지지해 왔다. 관련하여 먼저 북한인권정책의 근간이 되는 북한인권 실태조사에서 보완이 필요한 점을 몇 가지 제안하려 한다.

앞서 언급한 정부의 〈2023 북한인권보고서〉는 우리 사회에 정착한 북한이탈주민의 증언에 전적으로 의존하고 있다. 보고서에도 수록된 바와 같이 인권 실태를 증언한 탈북자의 출신 지역 편중, 탈북자 감소에 따른 현재 상황과의 괴리, 증언자 기억의 소실·약화 등에 따른 오류 가능성이 상존한다. 동 보고서에서 인정한 바와 같이 해당 조사내용을 "북한 전역의 인권 실태로 곧바로 확대하여 일반화하는 데에는 제약"이 따를 수밖에 없다. 하지만 이 실태조사 내용이 전달되는 과정에서 '일반화의 문제'는 사라지고 만다. 관련하여 실태조사의 한계를 명확하게 전달하고 이를 개선하기 위한 노력이 병행될 필요가 있다.

또한, 북한인권보고서의 구성은 국제사회의 인권 규정에 따라 '시민적·정치적 권리', '경제적·사회적·문화적 권리' 분야의 인권 실태를 정리하고 있으나 이를 평가하는 기준이 일정하지 않다. 일부 내용은 보편적 인권의 기준으로 평가되었지만, 일부 내용은 북한의 제도나 주장을 근거로 평가된 부분이 적지 않다.

예를 들어, 북한의 식량배급제도를 준거로 북한 주민의 식량권 실태를 평가하거나 건강권과 관련하여 북한이 주장하는 예방의학제도나 무상치료제도 등을 평가의 준거로 활용하는 등 기준이 일정하지 않은 경우가 적지 않다. 관련하여 북한인권 실태조사의 공신력을 높이기 위해 객관적이고 일관된 평가 기준을 마련할 필요가 있다.

추가적으로, 인권문제와 관련한 북한 당국의 변화를 면밀하게 추적하고 냉정하게 평가할 필요가 있다. 〈2023 북한인권보고서〉에서도 북한인권 관련 제도의 변화나, 현장의 인권개선 실태들이 적지 않게 기술되어 있다. 그러나 이것이 우리 정부와 국제사회가 추진한 북한인권 개선 노력의 결과인지 불분명하며 변화의 성격을 어떻게 평가할 것인지도 구체적인 분석이 요구된다.

## 북한인권의 '실질적 개선'
## 무엇을 할 것인가?

윤석열 정부는 북한인권과 관련 발표가 있을 때마다 '실질적 개선'을 강조해 왔다. 그러나 윤석열 정부 출범 1년이 되어가는 현재 시점에서 북한인권의 '실질적인 개선'은 확인되지 않고 있다. 필자는 인권문제를 활용한 북한 '모욕주기'를 넘어 정부의 구체적인 행동을 제안하고 싶다.

첫 번째로, 시급한 인권침해 사안에 대한 구체적인 행동이 필요하다. 북한인권 문제에서 가장 시급한 사안으로 중국에서 발생하고 있는 탈북자, 특히 탈북 여성에 대한 인권침해 문제를 들 수 있다. 중국, 특히 동북3성 지역에는 북한 주민들이 적게는 수만에서, 많게는 수십만 명이 체류하고 있는 것으로 알려져 있다. 그 중 탈북 여성들은 인신매매와 매매혼, 그리고 성폭력에 무방비로 노출되어 있다. 이들은 중국 당국에 의해 불법체류자로 규정되어 최악의 인권 사각지대에 놓여 있다.(2023 북한인권보고서, 374~378)

이와 관련하여 우리 정부가 중국 당국과 동북3성의 지방정부에 탈북 여성에 대한 인권보호를 적극적으로 요청할 필요가 있다. 탈북 여성들의 2세 또한 중국에서 제도적 보호를 받지 못하고 있으며 학교 교육에도 편입되지 못하는 실정이다. 관련하여 우리 정부가 이들을 보호하기 위한 중국 당국의 제도개선을 요구하고 필요하다면 제3자를 통한 지원 방안도 적극적으로 모색해야 한다.

두 번째로, 북한인권 문제 전반을 다루기보다는 '실질적 개선'이 필요한 핵심 과제를 선정해 국제사회와 함께 북한 당국의 변화를 이끌어내야 한다. 특히, 성분에 따른 차별 폐지, 거주와 이동의 자유 보장, 직업선택의 자유 보장 등 명백한 인권침해 사안에 대해 제도적 개선 방안을 제시하고 북한 당국의 조치를 요구해야 한다.

이상의 인권문제들은 북한 주민 다수가 피해를 받는 사안이며 '북한 주민의 마음'을 살 수 있는 정책들이다. 우리 정부가 이 문제들에 대해 북한 주민을 대신해 적극적인 대안을 모색하고 북한 당국의 변화를 이끌어낸다면 북한 주민들의 인권관 또한 변화시킬 수 있다.

세 번째로, 필자는 북한인권 문제가 '정치화'되는 것이 올바른 북한인권정책을 수립하고 북한인권의 실질적 개선을 추구하는데 걸림돌이 된다고 생각한다. 북한인권 문제는 남북관개 개선, 혹은 반(反)북한체제와 연동되며 인권 자체의 문제로 논의되기보다는 정치적 쟁점으로 소모되어 왔다. 북한인권 문제가 인권의 가치가 아닌 정치적 도구로 남용된 것이다.

이와 관련하여 인권이 그 자체의 가치로서 논의되고 대안이 마련될 수 있도록 북한인권 문제의 탈정치화가 필요하다. 필자는 통일부가 북한인권을 다루기보다는 법무부나 국가인권위원회가 북한인권 문제를 관장하는 것이 합리적이며 또한 효과적이라고 생각한다. 통일부가 남북 간 교류협력과 북한인권을 함께 다루기 어렵다는 점에서도 주무 부서의 이관을 냉정하게 고민해볼 필요가 있다.

북한인권 문제는 아마도 윤석열 정부가 가장 많이, 강력하게

'인권 수호'를 외치는 분야일 것이다. 최근 윤석열 정부가 한일정상회담을 통해 우리 국민의, "강제동원 피해자"의 인권을 저버린 모습과는 사뭇 대조되는 모습이다. 그럼에도 불구하고, 북한 주민에 대한 인권피해는 분명 개선되어야 하며 우리 정부 또한 이를 해결하기 위해 노력해야 한다. 다만 "북한은 최악의 인권 국가다"만 외친다고 북한인권 문제가 해결되진 않는다. 우리 정부가 '인권' 그 자체의 가치만으로 북한인권의 '실질적 개선'을 위해 행동하고 성과를 만들어내길 진심으로 희망한다.

# 5

## 바보야, 문제는 '평화'와 '경제'야

　이제 본격적인 동북아 외교 전쟁이 시작되고 있다. 미중전략경쟁이 가열되는 상황에서 코로나19 팬데믹으로 인한 경제위기와 한반도에서의 안보 경쟁까지, 그야말로 총체적 위기 국면이다. 이 글에서는 이 절체절명의 상황에서 대한민국의 국가이익은 무엇이며, 우리 정부는 그에 적절히 대응하고 있는지 분석해 본다.

### '위기'의 본질은
### 무엇인가?

　최근 한반도에서 '위기'가 일상화되고 있다. 이 위기의 본질은 무엇인가? 먼저, 미중전략경쟁은 한반도에서 긴장을 고조시키고 다자협력을 통한 문제 해결을 가로막는 구조적 요인이다. 미국과 중국이 경쟁하는 상황에서 한반도 평화는 늘 위협받아 왔다. 반대로 미중관계의 발전은 한반도에서 대화와 교류의 물꼬를 텄다.

　미중전략경쟁은 경제적 차원의 '예방전쟁(preventive war)'이라 할 수 있다. 최근의 모습은 경제문제를 국가안보 문제로 치환하며 경제와 안보의 경계를 무너뜨리고 있다. 미중전략경쟁은 한반도에서 양국의 협력이 절실한 한국의 입지를 약화시킬 수밖에 없다.

두 번째로, 코로나19 팬데믹과 우크라이나 전쟁으로 인한 경제위기는 세계화, 즉 국가 간 자유무역을 위축시키고 자국 우선주의(보호무역)를 호출하고 있다. 일례로 동맹국인 미국마저도 「인플레이션감축법(IRA)」을 통해 우리 자동차 수출에 타격을 줄 전망이다.

여기에 러시아의 우크라이나 침공은 에너지와 곡물 가격 상승을 가져와 인플레이션을 부채질하고 있으며 이에 대응한 미국의 금리 인상은 강(强)달러를 유발함으로써 전세계적 경기침체가 현실화 되고 있다. GDP에서 대외무역 비중이 매우 높고 에너지자원의 대외 의존도가 높은 한국에게 현재와 같은 상황은 분명 위기이다.

세 번째로, 한반도에서 안보 경쟁이 가중되고 있다. 반대로 평화 정착을 위한 대화는 중단된지 오래다. 북한의 무력도발은 이전에 없었던 규모로 증가하고 있으며 한미동맹 또한 이에 대응한 군사적 대응을 마다하지 않고 있다.

미중 간의 안보 경쟁이 한반도에 악영향을 미치는 상황에서, 일본은 전쟁이 가능한 '정상국가'로의 변화를 꾀하며 또 다른 차원의 안보 경쟁을 불러오고 있다. 1993년의 제1차 북핵 위기, 2015년 북미 간 조성됐던 무력 충돌의 험악한 분위기가 또다시 한반도를 감싸고 있다.

## 대한민국의 국익은
## '평화'와 '경제'다

지금의 위기는 미중전략경쟁의 중심에 놓인 한반도의 지정학적 리스크가 고조된 상황에서, 안보와 경제위기가 중첩된 그야말로 복합적 위기이다. 이제 우리의 선택을 논의해 보자. 먼저 우리의 선택은 국가의 이익, 즉 국익에 기반해야 한다. 그렇다면 대한민국의 국익은 무엇인가?

대한민국의 국익은 이전에도 그랬고, 앞으로도 그렇듯이 '평화'와 '경제'이다. 미중 양강이 경쟁하는 한반도에서 평화를 정착시키고 경제를 활성화시키기 위해서 무엇이 필요할까? 나는 다자협력을 통한 평화, 다자협력을 통한 경제발전이 대안이라 생각한다.

첫 번째로, 한반도에서 다시 평화 프로세스를 가동해야 한다. 한반도 평화 정착을 위해 한반도를 평화지대로 선언하고 미국과 중국의 지지를 얻어내야 한다. 이를 위해 북한의 핵실험 등 무력도발과 한미연합훈련을 함께 동결할 필요가 있다. 경쟁하는 미·중을 한반도 평화의 책임자로 끌어들여 평화협력체계를 복원하자는 것이다.

두 번째로, 한반도 평화만큼이나 세계적인 경제위기에 대응해야 한다. 경제위기 또한 다자협력을 통한 공간 창출로부터 시작돼야 한다. 작금의 경제위기는 세계화를 후퇴시킨 반면, 각 대륙은 역내 경제협력을 통해 공동으로 대응하고 있다. 우리나라 또한 동아시아를 중심으로 다자협력을 통한 위기 극복 방안을 모색해야 한다. 한중일뿐만 아니라 한-아세안, 한-인도 간 경제협력을 통해 위기를 함께 이겨내야 한다.

## 다자협력의 공간에서
## 민간의 역할 찾기

한반도에서 평화와 경제를 지켜내기 위한 우리 정부의 대응은 어떠한가? 안타깝게도 나의 대답은 부정적이다. 정부는 평화와 경제, 어느 것에서도 제대로된 국가전략과 그에 따른 일관된 행동, 그리고 성과를 보여주지 못하고 있다. 정부는 한반도 다자협력에서 중요한 부분을 차지하고 있는 중국을 놓치고 있으며 북한과의 군사경쟁 속에 출구를 마련하지 못하고 있다.

지금 우리 앞에 다가온 위기는 이전에 없었던 강력한 것이다. 그러나 위기의 반대면은 기회이다. 어느 때 보다 우리 정부의 외교가 중요한 이유가 여기에 있다. 위기를 기회로 만들기 위해서는 한반도에서 제로섬(zero-sum) 게임이 아니라 윈윈(win-win) 게임의 규범을 정착시켜야 한다. 한국은 평화와 경제협력의 가치를 중심으로 한반도에서 우리의 국익에 부합하는 다자협력 공간을 만들어야 한다.

마지막으로 국가의 이익, 대한민국의 이익은 정치의 이익이 아니다. 국익은 대한민국 국민의 이익이어야 한다. 국가적 위기 상황에서 우리 시민사회는 스스로의 평화와 민생을 지켜내야 한다. 그 어느 때보다 동아시아의 시민사회가 함께 이 위기를 이겨내기 위해 소통하고 협력해야 할 때이다.

# II

# 코로나 시대의
# 북한은 안녕한가

# 6

# 침묵을 깬 북한의 대남 강경노선 천명

2023년 계묘년 새해를 맞으며 북한이 대남 강경노선을 천명했다. 윤석열 정부 출범 이후 대북 강경정책과 맞물려 한반도 정세에 어두운 먹구름이 드리워질 전망이다.

이 글은 2022년 12월 26일부터 6일간 진행된 북한의 조선노동당 중앙위원회 제8기 제6차 전원회의에 대한 북한의 결과 보고를 중심으로 북한의 국내 상황과 대남정책을 분석하고 새해 한반도 정세를 전망해 보려한다. 북한의 '전원회의'는 당대회가 열리지 않는 기간 당의 중·단기 정책을 결정하고 당의 핵심 인사들을 선거하는 기구이다. 최근 북한은 신년사를 전원회의 결과로 대체해 보도하고 있다.

사전에 언급할 부분은 과거 북한이 발표하던 신년사와 달리, 조선노동당 중앙위원회 전원회의 결과 보고는 '당 전원회의'라는 형식적 특징뿐만 아니라 텍스트상으로 드러나지 않는 부분이 많다는 점에서 북한의 의도를 명확히 분석하는데 한계가 있다. 여기서는 이러한 전원회의 보고의 특징을 감안해 텍스트와 그에 따른 해석을 최대한 분리해 서술하도록 하겠다.

## 2022년은
## '국가 존망'의 위기였다

　조선노동당 전원회의 결과 보고는 1) 2022년도 주요 당 및 국가정책들의 집행정형총화와 2023년도 사업계획에 대하여, 2) 조직문제, 3) 2022년도 국가예산집행정형과 2023년도 국가예산안에 대하여, 4) 혁명학원들에 대한 당적지도를 강화할데 대하여, 5) 새시대 당건설의 5대노선에 대하여를 의안으로 진행됐다. 그러나 북한 언론이 보도한 내용은 1번 의안인 2022년 당 및 국가정책 평가와 2023년 사업계획만을 담고 있다. 2번~5번 의안에 대한 논의는 그 중요도와는 별개로 공개되지 않았다.

　전원회의는 2022년 "국가존망을 판가리하는 위험천만하고 급박한 고비들"을 성공적으로 버텨냈다고 자평했다. 김정은은 지난 2021년 1월에 개최된 "당 제8차대회 이후 우리 당이 10년투쟁과 맞먹는 힘겨운 곤난과 진통을 인내"했다고 말하며 2022년이 위기의 한해였다고 평가했다.

　2022년을 국가존망을 판가름하는 시기로 지적한 것은 국제사회의 대북제재로 북한이 고립된 상황에서 코로나19가 확산되며 정치적, 경제적 위기가 극대화된 상황을 의미한 것이다. 북한 정권 스스로 체제 위기를 느꼈을 정도로 위기였음을 반증한다.

　이와 관련해 김정은은 "가장 중대한 시기에 핵무력 정책을 공식법화하여 만년대계의 안전담보를 구축하고 우리 국가의 전략적 지위를 세계에 명백히 각인시키는 역사적 과제를 해결한 것은 … 그 어떤 정치적 사변보다 더 큰 위력"을 발휘했다고 특별히 강조했다. 국내외적 위기를 대외협력이 아닌 핵무력 강화를 통해 이겨냈다는 것으로, 이러한 평가를 볼 때 올해도 북한의 대외 강경정책은 지속될 가능성이 높다.

## 경제에서 '12개 중요 고지' 제시했지만,
## '경제건설 총력집중'은 난망

전원회의는 또한 새해 전망과 관련해 2023년이 제8차 당대회에서 제시한 5개년계획을 실현하기 위한 "관건적 의미를 갖는 세 번째 해"임을 강조하고 "인민경제의 각 부문들에서 달성하여야 할 경제지표들과 12개 중요 고지들을 기본과녁으로 정하고 그 점령방도들을 구체적으로 명시" 하였다.

그러나 북한이 전원회의를 보도한 내용에는 2023년의 구체적인 경제지표와 '12개 중요 고지'가 무엇인지, 그 '점령방도들'은 구체적으로 어떤 것인지 공개되지 않았다. 이는 2021년 12월 말 같은 시기에 진행된 제8기 제4차 전원회의 결과 보고내용에서 경제문제에 집중했던 것과는 사뭇 다른 모습이다.

다만, "살림집 건설을 1차적인 중요정책과제로 내세우고 평양시 5만세대 살림집건설의 세 번째 해에 수도건설을 보다 통이 크게 별려 화성지구 2단계 1만세대건설과 3,700세대 거리를 하나 더 형성하며 … 농촌건설에 더 큰 힘"을 넣자는 내용이 그나마 구체적으로 언급되었다.

이는 코로나19로 정상적인 생산활동이 제약을 받는 상황에서 구체적인 언급을 피할 수밖에 없는 고육지책으로 판단된다. 그나마 기대했던 북중국경의 추가 개방도 중국의 코로나19 재확산으로 어려움에 처했다. 결국 불확실성이 높은 상황에서 새해에도 작년과 같은 어려움이 지속될 가능성이 높다.

북한은 2013년 3월 전원회의에서 "경제건설과 핵무력 건설 병진노선"을 채택한 이후, 2018년 4월 전원회의를 통해 "사회주의 경제건설 총력집중"을 새로운 전략노선으로 공표한 바 있다. 그러나 안보와 경제, 그리고 코로나19로 인한 사회통제의 위기가 중첩되면서 경제건설에만 집중할 수 없게 되었다. 결국 2023년에도 핵무력을 중심으로 대외, 대남 강경정책을 지속하며 자력갱생을 통한 경제건설에 나설 수밖에 없을 것이다.

특히, 북한이 지난 3월 전원회의를 곧바로 개최하고 '농업 발전 목표와 과업'을 별도로 논의한 것을 감안하면 "12개 중요 고지" 중 가장 앞선에 있는 고지는 '식량문제 해결'일 가능성이 높다.

## 침묵을 깬 북한,
## 대남 강경정책 천명

최근 몇 년간 북한의 신년 메시지에서 한국에 대한 언급은 없다시피 했다. 하지만 올해 전원회의 결과 보도에는 그간의 침묵을 깬 날 선 비난과 대남 강경정책이 가득 담겨 있다. "윤석열 인간 자체가 싫다"며 "서로 의식하지 말고 살자"던 북한이 공개적으로 대남 강경정책을 천명한 것이다.

전원회의에서 김정은은 한국이 "무분별하고 위험천만한 군비증강책동에 광분하는 한편 적대적 군사활동들을 활빌히 하며 대결적 자세로 도전"하고 있다며, "우리 국가를 〈주적〉으로 규제하고 〈전쟁준비〉에 대해서까지 공공연히 줴치는 남조선괴뢰들이 의심할바 없는 우리의 명백한 적"이라 선언했다.

전원회의에 관한 보도 내용에만 국한한다면, 북한이 미국이 아닌 한국에 대한 강경정책을 더 많이 언급한 것은 김정은 체제 출범 이후 유례가 없었던 강력한 도발이다. 이와는 별도로 김정은은 지난 12월 31일 초대형 방사포(KN-25) 증정식에 참석해 "남조선(한국) 전역을 사정권에 두고 전술핵 탑재까지 가능한 공격형 무기"라며 노골적인 위협을 가했다.

'전쟁'을 준비하겠다는 윤석열 정부의 대북 강경정책이 어떤 식으로건 북한의 반응을 불러온 것은 분명하다.

## 평화를 잊은 남북 정권의
## 전쟁 놀이를 우려한다

북한은 새해를 맞으며 전에 없던 강경한 대남정책을 선언했다. 윤석열 정부 또한 '전쟁준비'를 언급하며 강 대 강의 무력 대응을 불사하겠다고 한다. 여기에 일본이 3대 안보문서 개정을 통해 북한을 대상으로 한 '선제적 반격'을 선언했다. 말 그대로 안전장치 없는 치킨게임이 다층적으로 일어나고 있는 것이다.

우리 국방부는 지난 1월 1일 "북한이 핵 사용을 기도하면 김정은 정권은 종말에 처하게 될 것임을 엄중히 경고"했다. 윤석열 정부에 묻고 싶다. 북한이 핵을 사용하면 그 이후가 무슨 소용인가? 윤석열 정부는 우리 국민을 볼모로 핵 치킨게임을 하겠다는 것인가? 이성을 잃지 않고서야 어떻게 이런 발언이 나올 수 있는지 경악할 수밖에 없다.

남북 당국의 비이성적인 전쟁놀음에 남북주민이 볼모가 되어서는 안 된다. 우리 국회는 한반도 평화를 위해 스스로에게 부여된 책임과 권한을 다해야 한다. 시민사회 또한 한반도 평화를 위해 연대하고 국제사회와 협력해 대안을 모색해야 할 것이다.

# 7

## 코로나19의 역설, 북한은 쉽게 무너지지 않는다

2020년 코로나19가 전 세계로 확산하는 상황에서, 북한은 과감하게 국경을 봉쇄하고 코로나19 청정국임을 주장했다. 그러나 이제 북한은 뒤늦게 찾아온 코로나19의 확산에 '국가 존망'을 논하며 위기의식을 대내외에 드러내고 있다.

코로나19의 확산은 분명 국가적 위기 상황이다. 다만 작금의 상황을 북한 붕괴론으로 연결하며, 이 상황을 정치적으로 해석하고 접근하는 것은 매우 우려스럽다. 일부 언론에서 말하는 것처럼 북한은 코로나19 상황을 통제하지 못하고 무너질 것인가? 나의 대답은 '북한이 쉽게 무너지지 않는다'이다. 이와 관련해 한국전쟁을 통해 구축된 북한의 독특한 사회통제체제를 이해할 필요가 있다.

### 전쟁이 만들어낸
### '판옵티콘'의 사회통제체제

한국전쟁이 휴전의 형태로 종결 아닌 종결을 맞은 이후, 북한은 제레

미 벤담(Jeremy Bentham)이 제시한 판옵티콘(panopticon)과 같은 사회통제체제를 구축하였다. 판옵티콘은 일방향의 통제와 수평적 격자로 단절된 감시체제를 일컫는다. 전후 북한은 물리적 조건뿐만 아니라 정치, 경제, 사회의 전 영역에서 '수직적인 통제'와 '수평적인 단절'의 구조를 강화해왔다.

한국전쟁의 특수성은 전후 북한에서 독특한 사회통제체제의 등장을 가능케 했다. 첫 번째로, 김일성은 한국전쟁을 통해 정적들을 숙청하고 빨치산세력을 중심으로 정치 권력을 장악함으로써 수령과 당, 인민으로 이어지는 유일통제체계를 완성했다. 두 번째로, 한국전쟁 초기 UN연합군에 의한 피점령 상황은 피점령지를 회복한 이후 주민 상호 간 감시와 처벌을 제도화하는 결과를 가져왔다. 세 번째로, 전쟁이 종결되지 않고 휴전상태에 놓임에 따라, 전후에도 전시체제에 준한 사회통체제가 유지될 수 있었다.

이와 같이 한국전쟁은 북한정치의 다양성을 소멸시켰고, 전시에 준한 사회통제는 북한 주민의 이동을 억제하고 배급제도를 통해 개인의 삶을 국가 자원에 종속시켰다. 북한 주민들은 국가의 공급에 의지할 수밖에 없었으며 자신이 거주하는 시 혹은 군을 벗어나기 위해 여행증을 발급받아야 했다. 이렇듯 북한 사회는 사회 곳곳에 물리적, 혹은 사회정치적 격자들이 촘촘하게 세워진 판옵티콘과 같은 모습으로 변모하였다.


## 시장의 등장과
## 수평적 격자의 이완

철옹성과 같았던 북한의 판옵티콘은 1990년대 중반의 식량난과 경제

위기로 이완되기 시작했다. 국가는 더 이상 모든 것을 공급할 수 없었고 북한 주민들은 생존을 위해 북한 사회를 가로막고 있던 격자를 넘기 시작했다. 이러한 '경계 넘기'는 뇌물을 통해 여행증을 발급받는 방식이었으며 경계를 넘기 위한 운송 수단과 통신 수단도 업그레이드되었다.

과거와 같은 배급과 물자공급을 감당할 수 없었던 북한 당국은 지금까지 시장과의 공존을 모색해 왔다. 때로는 시장을 통제했지만, 국가 또한 시장과 그로부터 탄생한 돈주(거대자산가) 없이 사회를 유지할 수 없었다. 북한이 자랑하는, 대동강변에 높이 솟은 미래과학자거리도 돈주들의 투자가 만들어낸 '사회주의 선경'이다.

그렇다고 북한 사회에서 정치지도자와 조선로동당의 통제가 무력화된 것은 아니다. 여전히 당의 지배는 견고하다. 다만, 생산과 일상의 공간에서 당 조직이 시장 행위자와 공생하며 살아갈 뿐이었다. 북한 사회의 수평적 격자들 또한 여전히 제도적으로 건재하며 언제든 다시 강화될 수 있었다.


## 코로나19, 붕괴된 전시체제를 다시 소환하다

아마도 코로나19가 아니었으면 과거와 같이 돌아가기 어렵다고 생각했던 현상들이 북한 사회에서 일어나고 있다. 전염병의 창궐이란 위기 상황이 식량난 이후 시장의 확대와 함께 이완되었던 수평적 격자들을 다시 일으켜 세우고 있다.

북한 당국은 코로나19의 확산을 억제하기 위해 "전국의 모든 도·시·군을 봉쇄"하고 각 "사업단위·생산단위·거주단위별 격폐(격리) 상태"에서 생산활동을 수행하라고 지시하였다. 이러한 대응은 전후 북한이 구축했던 전시체제에 준한 사회통제체제를 일부 소환함으로써 전염병의 확산을 막겠다는 전략이다.

코로나19의 확산에 대응해 북한 당국이 기존의 격자들을 다시 세우고 주민들의 이동을 억제한다면 방역에 상당 부분 효과가 있을 것이다. 다만, 이러한 대응은 분명 북한 주민들의 고통을 수반하며 시장을 통한 생존을 위협할 가능성이 높다.

## 인도적 협력은
## 북한 주민을 위한 것

윤석열 정부는 북한의 코로나19 확산과 관련해 '북한이 호응할 경우' 실무협상을 통해 방역물품을 지원하겠다고 강조한다. 정부가 남북관계가 악화된 상황에서도 인도적 지원 의사를 표명한 것은 분명 환영할 일이다. 그러나 정부가 말한대로 북한이 '호응'할지는 미지수다. 만약 북한이 실무협상에 호응하지도, 인도적 지원을 요청하지도 않는다면 어떻게 할 것인가?

인도적 지원은 북한 당국을 대상으로 한 것이 아니다. 인도적 지원은 북한 주민을 위한 것이며 그들이 가장 중요한 목표이다. 이런 점에서 우리 정부가 남북 당국 간 협상을 통해 모든 것을 해결하려는 자세는 우려스럽다. 정부는 국제기구나 국내의 인도지원 단체를 활용해 북한 주민들에게 실질적인 도움이 될 수 있도록 다양한 협력 공간을 활용해야 할 것이다.

# 8

## 정말 북한에서 아사자가 속출하고 있을까?

최근 북한에서 아사자가 '속출'하고 있다는 뉴스가 눈에 띄게 늘어나고 있다. 북한의 농업 생산 저하로 아사자가 발생하고 있다는 것인데 1990년대 식량난 이후 '최악'의 식량난으로 이슈화되고 있다.

북한에 대한 정보의 폐쇄성은 '소식통'에 기댄 자극적인 뉴스를 생산해 왔다. 위기는 극대화되고 상황이 나아진다는 이야기는 없다. 구체적인 근거를 제시하지 않은 '주장'이 외신을 거치며 공신력을 얻고, 다시 국내로 유입되며 '글로벌 뉴스'로 역수입되는 촌극도 벌어진다.

이 글은 최근 통일부로부터 시작된 북한의 '아사자 속출' 뉴스에 대해 비판적으로 검토하고 검증되지 않은 '주장'이 팩트(fact)로 가공되는 과정의 문제를 지적하려 한다.

### 북한의 식량 위기,
### 어느 정도인가?

북한의 식량 상황을 정확히 파악하는 것은 거의 불가능에 가깝다. 북한이 스스로 식량 상황을 발표하지도 않을뿐더러, 발표하더라도 믿지 못하기 때문이다. 북한 경제에 관한 한 '김정은도 모른다'는 말이 푸념처럼 회자될 정도다.

다만 작년 12월 농촌진흥청에서 발표한 자료에 따르면, 2022년도 북한의 식량작물 생산은 451만 톤으로 2021년도 469만 톤보다는 18만 톤(3.8%) 감소했으며 2020년도 439만 톤에 비해 증가한 것으로 나타났다. 농촌진흥청은 매해 북한 지역의 기상 여건과 병충해 발생, 비료 수급 상황, 국내외 연구기관의 작황 자료, 그리고 위성영상 정보 등을 종합 분석해 북한의 식량작물 생산량을 발표해 왔다.

2022년 북한의 식량 생산은 코로나19 팬데믹과 수해 등으로 큰 폭으로 감소할 것이란 예상이 지배적이었다. 일부에서는 300만 톤대로 급감할 것이라 주장도 제기됐다. 그러나 농촌진흥청의 자료에 따르면, 일반적인 예상과는 달리 선방했다는 의견이 대부분이다. 2020년도 생산량에 비하면 증가한 수치이기도 하다.

우리 정부가 추정하는 북한의 곡물 생산 수요량이 550만 톤이란 점을 감안하면 여전히 북한의 식량은 99만 톤 정도 부족하다는 결론이 나온다. 다만, 농촌진흥청이 발표한 북한의 2000년대(2000년~2009년) 식량 생산량은 연평균 416만 톤이었다. 2022년 식량 생산량 451만 톤은 이를 꽤나 상회하는 수치이다.

또한, 북한은 자력갱생 기조에 따라 생산 단위마다 자체적으로 텃밭을 가꾸고 주민들도 주택 주변이나 야산의 텃밭을 통해 남새(채소)나 밭작물을 기르며 식량을 보충하는 경우가 많다. 보이지 않는 먹거리 생산이 의외로 많다는 것이다.

# 통일부 대변인이 쏜
# '아사자 속출' 뉴스

새해 들어 일부 북한 뉴스매체가 '소식통'을 근거로 북한의 아사자 발생을 타전하긴 했으나 통일부는 이 뉴스에 신중한 자세를 보였다. 권영세 통일부 장관 또한 지난 2월 15일 국회 외교통일위원회에서 "지금 아사자가 속출하고 '고난의 행군'처럼 그런 정도는 아직 아니라고 본다"며 신중론을 펼쳤다.

그런데 통일부 대변인이 북한의 '아사자 속출'을 기정사실화하는 '사건'이 발생했다. 통일부 장관이 신중론을 견지한 지 며칠 안 된 2월 20일 구병삼 통일부 대변인이 특별한 근거 제시 없이 "일부 지역에서 아사자가 속출하는 등 식량난이 심각한 것으로 보고 있다"며 소문으로만 떠돌던 이야기를 팩트(fact)로 만들어 버린 것이다.

이는 우리 언론에 북한에 아사자가 속출하고 있다는 통일부발 뉴스로 퍼져나갔다. 또한 CNN 등 외신들이 한국 정부발 뉴스로 북한의 아사자 발생 가능성을 타전하기 시작했다. 하지만 소위 북한에 '소식통'을 가진 관찰자들이 모두 북한의 아사자 발생을 같은 시각으로 해석하는 것은 아니다. 이들은 북한의 식량 부족은 만성적인 현상이며 꽃제비나 취약계층에서 아사자가 발생하는 것은 어제오늘의 일이 아니라고 말한다.

우리는 늘 북한의 위기를 말하는 언론에 노출되어 있다. 특히 북한의 식량문제, 아사자 발생 문제는 다소 부풀려져 이슈화되기 쉬운 뉴스다. 다만 이를 정부 당국자가 특별한 근거 제시 없이 장관의 신중론에서 벗어나 발표한 것은 이례적일 뿐만 아니라 정부에 대한 신뢰를 훼손하는 결과로 이어질 수 있다.

## 체계적인 정보분석 통해
## 북한 상황 관리해야

통일부는 2021년 이후로만 북한 정보분석 관련 예산으로 200억이 넘는 돈을 투입하고 있다. 여기에는 북한 경제사회 심층정보 수집, 정세분석 역량 강화, 북한정보 빅데이터 및 인공지능 구축, 북한 종합 DB 운영 등의 사업이 포함돼 있다. 국가정보원과의 북한 정보공유도 유지되고 있다.

통일부의 북한 정보 공개, 특히 아사자 발생과 같은 북한의 체제 안전과 직결된 민감 이슈의 공개는 단순히 '아사자가 속출하고 있다'는 표현으로 던질 수 있는 뉴스가 아니다. 북한 정보분석에 많은 예산이 투입되고 있는 만큼 체계적인 분석과 논리적인 근거가 수반돼야 한다.

예를 들어, 김정은 시대의 식량 부족은 김정일 시대의 식량난과 다른 면밀한 분석이 필요하다. 국가의 중앙공급체계에서 식량 배급이 중단되며 아사자가 발생했던 김정일 시기와 달리, 김정은 시대에 북한 주민들은 시장을 통해 식량문제를 해결하고 있다. 아사자가 발생하더라도 국가의 대응이 과거보다 효과적일 수 있다는 것이다.

쌀이나 옥수수 가격의 변동에 대한 해석 또한 단순히 가격의 등락에 매몰돼서는 안 된다. 국가와 시장의 역학관계를 관찰하며 다양한 가능성을 열어두고 해석할 필요가 있다. 예를 들어, 북한 당국의 〈애국미헌납운동〉이 시장에서 곡물 가격 상승을 추동한다는 분석이 가능하다. 주민들이 애국미를 바치기 위해 시장에서 쌀을 구입하고 있기 때문이다.

나는 북한의 위기를 이슈화하기보다는 지속되는 위기 속에서도 유지되는 북한체제의 특징을 이해해야 한다고 강조한 바 있다. 통일부는 이러한 북한의 특성, 남북관계의 특수성을 안정적으로 관리하고 남북 교류·협력과 통일을 준비하는 부서이다. 앞으로 통일부의 무거운 정세 인식과 공신력 있는 정보분석, 그리고 전문가와 시민사회와의 유기적인 정보공유와 생산적인 토론을 기대해 보겠다.

# 9

# 일상화된 위기, 북한은 그 '위기'를 통해 생존한다

고백하건대 필자 또한 북한의 '위기'에 수년, 아니 연구자가 된 이후로 최근까지도 그 모호한 단어에 기대어왔다. 그나마 '북한붕괴론'에는 선을 그어왔지만 "이대로라면", "3년 안에", "5년 안에" 버티기 힘들 것이라 말해왔다. 그러나 필자는 코로나19 팬데믹을 지나며 이 말을 의심하게 됐다.

이 글은 북한의 '위기'를 바라보는 우리의 시각이 결과론적 붕괴론이 아닌, '그럼에도 불구하고' 왜 이 체제가 유지되고 있는지에 대한 답을 구할 것을 제안한다.

## 북한의 경제위기, 어디서부터 시작됐나?

북한이 직면한 위기는 그 기원을 헤아리기 어렵다. 1990년대 중반의 식량난과 에너지·원자재난이 현재의 위기를 설명하는데 주로 언급되지만, 실상은 1950년 한국전쟁 이후 북한 경제는 정상적으로 작동된 바 없다. 한국전쟁 이후 미국은 북한을 적성국으로 제재해왔기 때문이다.

또한, 한반도 분단체제가 지속됨에 따라 과도한 국방비가 지출되었고 1960년대 중소분쟁 속에 자립경제 노선을 추진하며 부족의 경제가 일상화되었다.

그나마 유지되던 국가 중심의 공급체계는 1990년대 소련의 붕괴와 동유럽 사회주의의 체제 전환, 그리고 1990년대 중반 연이어 발생한 자연재해로 인해 식량난과 에너지난, 원자재난이 중첩되며 붕괴되었다. 물론 평양과 핵심 공장·기업소는 국가의 공급이 유지됐지만, 지방의 공장 가동률은 20~30%로 알려졌을 만큼 충격적인 상황이었다. 여기에 1994년 김일성 주석이 사망하며 북한은 정치와 경제, 사회 전반에서 국가적 위기에 직면하게 된다.

1990년대 중반의 위기는 '북한붕괴론'으로 이어졌다. 당시 대다수 언론뿐만 아니라 다수의 연구자 또한 북한 붕괴가 얼마 남지 않았다고 평가했다. 그러나 북한은 소위 '고난의 행군' 시기를 거쳐 '선군정치'라는 군사 우선의 통제전략으로 이 시기를 버텨냈다. 다만 국가의 중앙공급체계는 상당 부분 붕괴되었고 그 자리를 시장이 차지하게 된다.

두 번째 위기는 2016년 북한의 두 차례 핵실험과 대륙간탄도미사일 발사에 대응해 유엔 안보리가 '이전에 없던' 강력한 대북 경제제재를 감행하며 나타났다. 국제사회의 대북제재는 분명 이전에 없던 강력한 것이었다. 대북제재는 북한의 수출을 강력히 통제했으며 원유 등 일부 품목에만 쿼터량을 정해 수입을 허용했다. 또한, 미국 국무부가 북한의 국제무역을 달러의 힘으로 통제했으며, 외화 수입의 상당 부분을 차지하던 해외 노동자 파견도 차단됐다. 무엇보다도 북한 무역의 95%를 차지하는 중국이 국제사회의 대북제재에 동참함으로써 제재의 효과 또한 강력했다.

북한 위기론에 거리를 두고 있었던 필자 또한 당시 국제사회의 대북제재가 실효적으로 이행된다면, 북한이 더 이상 견뎌내기 어려울 것이라 예상했다. 그런데 실제로 대북제재가 거의 완벽하게 이행된 것과 같은 상황이 발생했다. 코로나19가 발생한 것이다.

## 코로나19 팬데믹이 증명한
## 북한 체제의 내구력

북한은 중국에서 코로나19가 확산되자 2020년 2월 북중국경을 과감하게 봉쇄했다. 코로나19의 북한 유입을 막기 위한 조치였지만, 이는 스스로를 고립시키는 조치이기도 했다. 이와 같은 북한의 국경봉쇄는 국제사회의 대북제재가 거의 완벽하게 이행된 것과 다름없었다. 만약 북한의 국경봉쇄가 지속된다면 '정말로' 감당하기 힘든 위기가 발생할 수 있다는 평가가 이어졌다.

하지만 북한은 이 상황을 3년 넘게 버텨내고 있다. 전 세계 경제가 심각한 위기를 겪고 있는 상황에서 북한 또한 어려움을 겪고 있지만, 분명 체제 붕괴를 논할 상황은 아니다. 우리는 이 상황을 어떻게 받아들여야 하나?

나는 북한의 위기가 가중되고 그 결과로서 체제 위기를 상정한 기존의 관점에서 벗어나, 북한이 이러한 위기를 극복해 내고 있는 원인에 초점을 맞춰야 한다고 생각한다.

## 위기의 '극복'인가?
## 아니면 위기의 '관리'인가?

북한은 대북제재로 인한 위기를 극복했는가? 그렇지 않다. 이 위기는 여전히 지속되고 있다. 그렇다면 어떻게 설명할 것인가? 나는 북한이 위기를 적절히 '관리하고 있다' 말하고 싶다.

이러한 평가는 우리가 기존에 당연하다 생각했던 것들에 대한 재평가와 함께 논의되어야 한다. 먼저 북한의 '자립경제' 노선이다. 북한은 한국전쟁 이후 미국으로부터, 그리고 한동안은 소련과 중국으로부터 주체를 선언하고 자립경제 노선을 추구해 왔다. 이 자립경제 노선은 내부 자원을 최대한 동원해 외부로부터의 지원 없이도 경제를 운용하겠다는 것이다.

외부의 지원 없이 경제를 유지한다고? 그것이 가능한 것인가? 나를 포함에 많은 사람들이 자립경제는 불가능하다고 생각할 것이다. 하지만 북한은 스스로, 혹은 외부의 조건에 의해 어쩔 수 없이, 이 노선을 상당 기간 지속해 왔다. 자본주의 세계체제의 관점에서는 말도 안 되는 소리라 치부할 수 있지만, 북한은 이를 완벽하진 않다해도 상당 부분 그들 경제의 작동원리로 운용해 왔다.

모든 것을 내부 자원으로 대체할 수 없는 북한 경제에서 자립경제 노선은 분명 '부족'과 '위기'를 일상화한다. 다만 위기가 일상화된 국제환경 속에서 북한은 이에 대응한 '전시(戰時)적' 사회·경제 메커니즘을 유지해 왔다. 우리가 자립경제 노선의 한계에 초점을 맞춘 나머지 그것이 불가피했던 북한의 관점과 실제를 애써 무시한 것은 아닐까? 북한은 부족의 경제를 감내하더라도 자립경제 노선을 유지함으로써 위기를 '관리'하고 있는 것 아닐까?

국제사회의 대북제재, 그리고 코로나19 팬데믹이라는 구조하에서, 지금의 북한을 '위기의 관리'라는 관점만으로 모두 설명할 수는 없다. 이제는 전국적으로 활성화된 시장이 부족의 경제 속에서 그나마 있는 자원의 효율적인 분배를 가능케 한 점 또한 염두에 둬야 한다.

또 한 가지 가능성은 외부로부터의 자금 유입이다. 이는 확인할 수 없는 '합리적 의심'의 영역이다. 북한은 북한 원화뿐만 아니라 달러와 위안화가 통용되는 기이한 '글로벌' 화폐경제를 유지하고 있다. 북한 원화에 대한 불신으로 인한 결과이지만 이 또한 북한 경제의 한 축이다. 나는 외부로부터 달러, 혹은 위안화 유입이 충분히 가능하다고 생각한다. 만약 외부로부터 외화 유입이 가능하다면 분명 북한 경제의 위기를 감쇄하는 기제로 작동할 것이다.

마지막으로, 북한에서 조선로동당의 지배는 여전히 유효하며, 한국전쟁으로부터 구축된 사회통제체제는 여전히 효과적으로 작동하고 있다. 또한, 코로나19 팬데믹은 역설적으로 북한의 이완된 통제체제를 복원시키는 결과를 가져왔다.

## 오늘도 북한의 '위기'는
## 현재 진행형

오늘도 북한의 위기는 현재 진행형이다. 하지만 그 위기가 계속되면 북한이 붕괴할 것이란 생각은 재평가될 필요가 있다. 우리는 북한 경제의 위기로부터 무엇을 예상하고 또 준비하고 있는 것일까?

분명 북한은 지금도, 그리고 앞으로도 위기에 처해있을 것이다. 그러나 그 위기가 북한 체제의 위기로 이어지고, 그 결과로 개혁개방에 나설 것이란 기대는 분명 재평가될 필요가 있다. 아마도 지금과 같은 전 세계적 경제위기, 세계화가 위축되고 자국우선주의가 확대되는 상황에서 북한은 어느 나라보다 강력한 생존의 DNA를 가지고 있을지 모른다.

현실에서도, 북한이 힘들기 때문에 우리의 지원을 받을 것이란 기대,

대화에 응할 것이란 기대는 깨어진지 오래다. 보다 근본적인 신뢰 회복의 방안이 모색되지 않는 한, 한반도에서 안보 경쟁과 남북관계의 경색 국면은 상당 기간 지속될 가능성이 높다.

# 10

## 포스트 코로나 시대 북한학계의 명과 암

연구자는 세상의 이치를 쫓는 사람들이다. 그들의 고민은 논문의 형태로, 학술회의를 통해 세상에 나온다. 북한 연구자 또한 여느 연구자들과 다르지 않다. 다만 북한학계는 북한의 변화와 남북관계, 한반도 평화라는 현안에 좀 더 깊숙이 관여하고 있으며 대중과 소통한다. 그런데 코로나19 팬데믹은 우리 학계에도 변화와 위기를 가져다주었다.

이 글에서는 최근 북한·통일분야 학술 활동에 참여하며 고민하게 된 우리 학계의 과제들을 제안하고 대안을 모색해 보려 한다.

### 비대면 시대의 북한학계
### 어떻게 대응하고 있나?

코로나19 팬데믹은 학계에도 다양한 변화를 가져왔다. 무엇보다도 비대면 학술회의와 강의가 정착되었고 비대면 모임이 활성화되었다. 그렇다면 비대면 시대에 북한학계는 적절히 대응하고 있는가?

첫 번째로, 우리 학계는 표면적으로 비대면 시대에 적절히 대응하고 있는 듯하다. 비대면으로 진행되는 행사와 강의에 양질의 장비가 동원되며 현장을 중계하고 다양한 동영상 컨텐츠가 생산되고 있다.

다만, 비대면 회의나 동영상 컨텐츠에 대한 수요는 많지 않다. 최근 수년간 진행된 다수의 비대면 국제학술회의에서조차도 접속자 수는 매우 저조했다. 이마저도 행사 주체와 관련된 청자가 많다는 점에서 관객 없는 학술회의의 문제는 심각하다.

두 번째로, 언론의 학술 컨텐츠 전달 기능이 사라지고 있다. 과거 북한, 통일분야 학술회의가 개최되면 다양한 언론들이 핵심 내용을 정리해 대중에게 전달하는 역할을 담당해왔다. 그러나 이제 언론은 학술회의의 내용을 전달하지 않는다. 소수의 언론이 온라인 지면을 빌려 행사 개최 사실만을 '오늘의 행사'로 간략히 전달할 뿐이다.

이와 같은 현상은 단순히 비대면 환경의 문제로 치부하기 어렵다. 언론 지형이 변화하고 온라인에서 클릭 수로 기사가 평가받는 현실에서 하루 종일 학술회의를 정리할 기자는 많지 않다. 결국 학술행사에서 생산된 정책과제나 아이디어에 대한 언론의 '무관심'은 시간이 지날수록 심화되고 있다. 여러모로 행사 참가자 간의 토론으로 영향력이 줄어든 것이다.

## 학계와 대중의 소통 단절
## 어떻게 해결할 것인가?

이제는 청자 없는 학술회의, 대중과 소통할 수 없는 학술회의가 일상으로 받아들여지고 있다. 이런 상황이 지속된다면 학계는 스스로 고립될 수밖에 없다. 그렇다면 우리 학계는 지금의 상황을 어떻게 인식하고 대응하고 있는가? 그 대안은 무엇인가?

먼저, 학계 스스로 연구자 간, 그리고 학계와 대중 간 소통을 확대할 수 있는 플랫폼과 매체를 개발해야 한다. 과거와 같이 청중이 찾아오고 언론이 컨텐츠를 전달해주는 시대는 저물었다.

특히 학계와 대중의 소통을 강화하기 위한 매체 개발이 시급하다. 과거 언론의 역할을 이제 학계가 스스로 담당해야 한다. 학술적 성과나 정책 아이디어를 스스로 가공해 대중에게 내놓을 필요가 있다.

또한, 기존의 정형화된 학술회의의 양식을 새롭게 바꾸고 대중 친화적인 프로그램을 개발하는 참신한 시도가 요구된다. 이전과 같이 일방향의 발표와 참여자 간의 토론으로 대중의 참여를 기대하기 어렵다. 학술회의의 구성원도 신진연구자와 여성연구자, 현장활동가, 그리고 필요하다면 시민과 학생의 참여를 보장함으로써 다양한 세대와 시각이 소통하고 공감할 수 있어야 한다.


## 남북관계의 악화,
## 신진연구자는 보릿고개를 넘는다

북한학계의 미래는 신진연구자의 안정적인 배출과 연구 활동에 달려 있다. 그러나 최근 신진연구자들은 보릿고개를 힘겹게 넘고 있다. 무슨 일이 일어나고 있는 걸까?

먼저, 북한학계는 남북관계의 부침에 영향을 받아왔다. 남북관계가 활성화되는 시기에 관련 연구와 강의가 늘어난 반면, 남북관계 경색은 학계의 활동 영역을 축소 시켰다. 그 결과 신진연구자의 연구 활동은 위축될 수밖에 없다.

2018년 남북대화가 재개되며 학계도 새로운 에너지를 수급받았으나

2019년 2월 북미 하노이 정상회담이 결렬된 이후 남북관계 경색이 장기화되고 있다. 표면적으로 북한학계는 평온한 듯 보이나 신진연구자가 줄어들고 그나마 배출된 연구자들의 연구환경 또한 점차 악화되고 있다.

또한, 대학의 위기가 회자 되는 상황에서 신진연구자의 경제적 상황은 날이 갈수록 어려워지고 있다. 대학은 경쟁적으로 강의를 축소하고 있으며 북한, 통일분야 강의 또한 대학의 위기와 남북관계의 위기 속에 점차 줄어들고 있다. 취업 시장의 위기는 학연에 기반한 '내정문화'를 강화시키고 있다는 점에서 공정한 경쟁 또한 위협받고 있다.

10년 전만 하더라도 연구자에게 대학강의는 사회진출의 당연한 과정으로 인식됐다. 이제는 해외 박사들도 강의를 구하는데 어려움을 겪고 있다. 신진연구자들에 대한 인큐베이팅 프로세스에 장애가 발생한 것이다. 그 결과 신진연구자들이 자신의 전공을 깊이 있게 연구하며 학계에 진출하기보다는 원하지 않는 정책과제에 참여하는 사례가 늘고 있다.

신진연구자의 어려움은 우리 학계의 미래가 어둡다는 반증이다. 우리는 어떤 대안을 가지고 있는가?


### 신진연구자를 위한
### 안정적인 연구생태계 구축해야

무엇보다도, 신진연구자들이 자신의 연구에 집중할 수 있도록 학계가 적극적으로 지원하고 공간을 제공해야 한다. 학술회의에서 더 많은 신진연구자 세션이 만들어져야 하고 시니어 세션에도 신진연구자들이 참여해 새로운 관점과 의견을 제시할 수 있도록 배려해야 한다. 여전히 학술회의의 인적 구성은 과도하게 시니어 중심으로 편성되어 새로운 세대의 아이디어를 수용하는데 인색하다.

또한, 예산이 가능한 대학과 기관은 신진연구자 지원 프로그램, 즉 포스트닥터(Post-Doctor) 프로그램을 적극적으로 운영해야 한다. 신진연구자의 연구 활동을 고양하기 위한 우수논문, 우수연구자 선발과 시상도 적극적으로 활용될 필요가 있다.

연구자의 저작권 문제는 신진연구자들을 위해 반드시 풀어야 할 숙제이다. 현재 연구자의 연구성과, 특히 학술논문의 저작권은 학회지 등재 과정에서 학회에 이전된다. 연구성과가 필요한 신진연구자들은 본인이 원하던, 원치 않던 저작권을 양도하지 않고 논문을 게재할 수 없다. 저작권 양도서류에 서명하지 않은 논문은 심사에 통과되더라도 게재가 불허된다.

이렇게 양도된 저작권은 학술지를 출간하는 학술단체와 연구컨텐츠를 보급하는 업체(교보, DBpia 등) 간 계약을 통해 또다시 이전된다. 결국 연구자의 저작권을 양도받은 학술단체들이 플랫폼 업체들로부터 저작료를 일괄 지급받는 구조이다. 이렇게 지급된 저작료는 저작권을 양도한 연구자가 아닌 학회의 경비로 지출된다.

중장기적으로 연구자의 저작권은 온전히 연구자 개인에게 돌아가야 한다. 다만, 현재와 같이 저작료가 학회의 예산으로 지출되는 관행이 고착된 상황에서 과도기적인 아이디어가 필요하다. 나는 학회가 연구자의 저작권 양도로 발생한 저작료 수입을 신진연구자 지원에 사용하는 방안을 제안하고 싶다. 언젠가 저작료는 연구자의 주요한 수입이 될 것이다. 지금과 같이 신진연구자들이 경제적 어려움을 겪고 있는 상황에서 학계가 좀 더 적극적으로 이 문제를 해결하기 위해 나서야 한다.

추가적으로, 현재 통일부 예산으로 지원되는 통일교육선도대학에서 개설되는 강의의 경우 일정 비율을 신진연구자에게 배정하는 방안도 적극적으로 논의될 필요가 있다.


## 포스트 코로나 시대,
## 북한학계는 안녕한가?

코로나19 팬데믹의 상흔이 남아 있고, 남북관계 경색이 지속되는 지금, 북한학계는 안녕한가? 나의 시각에서 우리 학계는 분명 위기를 맞고 있다. 우리 학계가 이 위기를 진지하게 받아들이지 않고 준비하지 않는다면 우리의 미래는 밝지 않다.

북한, 통일연구는 학술연구로서 중요한 부분을 차지할 뿐만 아니라 대북정책과 통일을 준비한다는 국가적 차원에서 매우 중요한 연구 분야이다. 우리 학계가 새롭게 변화되는 연구환경에 적극적으로 대응하고 신진연구자들이 안정적으로 자신의 연구 활동에 전력할 수 있도록 대안 모색에 나서길 기대한다.

# 연구자의 저작권 양도, '의무'가 된 '권리'

앞서 코로나 시대 북한학계의 위기를 다루며 연구자의 저작권 보호 문제를 간략하게 제기하였다. 이 글에서는 연구자의 저작권에 관한 좀 더 구체적인 분석과 대안을 모색하도록 한다.

저작권(copyright)은 창작한 저작물에 대해 저작권자가 가지는 권리이다. 쉽게 말해 저작권은 "사람의 생각이나 감정을 표현한 결과물에 대하여 그 표현한 사람에게 주는 권리"이다.

사실 지금까지 저작권은 주로 문화예술 분야에서 그 논의가 진행되어왔고 저작권에 대한 보호 또한 문화예술 분야에서 깊이 있게 논의되어왔다. 반대로 연구자의 저작권에 관한 논의는 매우 부족한 상황으로 저작권 보호조치 또한 제대로 이루어지지 못하고 있다.

나는 법률가가 아니다. 다만 연구자로서 연구자의 저작권이 보호되지 못하는 현실을 지적하고 나름의 해결 방안을 모색해 보도록 하겠다.

## 저작권 양도,
## '의무'가 된 '권리'

우리 사회에서 문화예술 분야를 중심으로 저작권 보호가 중요한 이슈로 등장한 이후, 우리 학계에서도 이와 관련한 조치가 있었다. 바로 연구자가 학술지에 논문을 게재하기 전에 〈저작권 양도 동의서〉를 제출하는 것이다.

저작권에 관한 인식이 부족했던 연구자들은 논문을 게재하기 위해 저작권 양도를 의무 사항처럼 이행할 수밖에 없었다. 저작권 양도에 동의하지 않는 한 학술지에 논문을 게재할 수 없기 때문이다. 저작권이 '권리'가 아닌 양도해야 할 '의무'가 된 것이다.

연구자는 연구실적, 즉 논문을 학술지에 게재함으로써 자신의 커리어를 쌓고 취업을 준비하게 된다. 이러한 이유로 연구자에게 저작권 보호는 한 마디로 '배부른' 생각으로 치부됐다.

그렇다면 학술지를 발간하는 학술단체와 학회는 왜 저작권 양도 동의서를 강제하게 되었나? 학술지를 발간하는 학술단체와 학회는 학술지에 게재된 논문에 대한 저작권을 이용해 저작권료를 받아 왔다. 연구컨텐츠를 보급하는 업체(교보, DBpia 등)와 계약을 맺고 공유되는 논문에 대한 저작료를 받아왔던 것이다. 이렇게 지급된 저작료는 저작권을 양도한 연구자가 아닌 학회의 경비로 지출되는 구조가 오랜 시간 지속돼 왔다.

연구자가 양도한 저작권은 2차 상품으로도 판매된다. 일례로, 필자가 저작권을 양도한 논문 중 다수가 리포트 사이트에서 지금도 5,000원~7,000원 가량에 판매되고 있다. 물론 그 수익은 나에게 돌아오지 않는다. 아니, 이 수익을 누가 가져가는지조차 알지 못한다.

나 또한 여러 학회에서 운영진으로 활동한 바 있다. 사실 대규모 학회를 제외하면 중소규모의 학회는 재정이 매우 열악하다. 학회를 운영하는 운영진 또한 자신의 이익보다는 학회에 봉사한다는 마음으로 참여하게 된다. 결국 연구자는 학회 운영이 어려운 상황에서 저작권 양도를 통해 학회 재정에 '기여한다'는 암묵적인 규범이 만들어진 것이다.

## 연구자의 저작권을
## 논해야 한다

불과 10년 전만 하더라도 박사학위를 취득한 연구자가 강단에 서는 것은 어렵지 않았다. 물론 정규직 연구자만큼 수입이 보장되지는 않았지만, 강의와 연구프로젝트 참여만으로도 연구와 학술 활동을 펼칠 수 있었다.

그러나 이제 연구자, 특히 신진연구자들이 경제적 어려움에 처해 있다. 대학의 위기는 강사에 대한 구조조정으로 이어졌고 시간강사조차 치열한 경쟁 속에 소수만이 누릴 수 있는 혜택이 되었다. 이제 신진연구자가 연구에 집중할 수 있는 사회적 환경은 사라졌다. 자신의 연구에 집중하기보다는 경제적 상황을 개선할 수 있는 대안을 모색할 수밖에 없는 것이다.

또한, 저작권 보호에 대한 우리 사회의 인식이 날로 높아져 가는 상황에서 학계의 저작권 양도 관행은 규범적 관점에서뿐만 아니라 법률적 관점에서도 반드시 해결해야 할 과제이다. 저작권 양도를 의무적으로 요구하는 것은 위법 소지가 다분하다.

이제 연구자에 대한 저작권 보호를 통해 연구자가 연구에 집중하고 연구의 성과로 수입을 창출하는 생태계를 준비해야 한다. 학술단체와 학회가 논문 게재를 이유로 연구자의 저작권을 의무적으로 양도받는 관행을 어떻게 개선할 것인지 지혜를 모아야 한다.

## 어디서부터, 어떻게 접근할 것인가?

그렇다면 어디서부터, 어떻게 이 문제를 접근하고 해결해야 할까? 연구자의 저작권을 보호하기 위해서는 우리 학계와 국회, 그리고 교육부와 한국연구재단의 공동노력이 필요하다.

첫 번째로, 우리 학계 스스로 이 문제를 해결하기 위해 먼저 나서야 한다. 다만 현재와 같이 저작료가 학회의 예산으로 지출되는 관행이 고착된 상황에서 학술단체와 학회를 문제의 주체로 비난하기보다는 과도기적인 해결 방안을 논의할 필요가 있다. 이와 관련해 나는 학술단체와 학회가 연구자의 저작권 양도로 발생한 저작료 수입을 신진연구자 지원에 사용하는 방안을 제안한 바 있다.

중장기적으로 연구자의 저작권은 온전히 연구자에게 귀속되어야 한다. 이를 위해서 우리 학술단체와 학회가 연구자의 저작권을 보호하기 위해 먼저 앞장서야 한다. 연구자의 저작권 보호는 정부나 국회가 아닌 우리 학계가 주도적으로 대변하고 보호해야 할 '의무'이다.

두 번째로, 「저작권법」에서 연구자의 저작권 보호를 보다 구체적으로 규정할 필요가 있다. 현행 「저작권법」은 "저작자의 권리와 이에 인접하는 권리를 보호하고 저작물의 공정한 이용을 도모함으로써 문화 및 관련 산업의 향상발전에 이바지함을 목적"으로 제시하고, 제4조(저작물 예시 등)에서 '논문'이 저작물임을 명확히 규정하고 있다. 그럼에도 불구하고 지금까지 연구자의 저작권은 사각지대에 놓여있었다. 왜 그런가?

현행 「저작권법」은 문화체육관광부 소관 법률로 상당 부분 문화예술 및 소프트웨어 분야의 저작권 보호에 초점이 맞춰져 있다. 연구자의 저작권 보호를 위한 교육부와 한국연구재단의 역할이 제대로 수행되지 못한 이유이기도 하다. 정부와 국회의 생산적인 법 개정 논의 또한 부족할 수밖에 없었다. 이제라도 연구자의 저작권 보호를 위해 교육부와 산하 주무 기관인 한국연구재단이 이 문제에 실효적인 대안을 모색해야 한다.

마지막으로, 우리 학계, 혹은 관련 연구단체들이 문화예술 분야와 소프트웨어 분야의 저작권협회와 같이 연구자의 저작권을 보호하기 위한 단체 설립을 논의할 필요가 있다.

'연구자는 저작자이고 그 저작권은 보호되어야 한다.' 하지만 우리 학계와 사회는 이 단순한 명제에 침묵해 왔다. 대학과 학문의 위기 속에 연구자들이 자신의 저작권을 보호받을 수 있도록 학계와 정부, 국회가 함께 지혜를 모아야 할 때이다.

# III

# 위태로운 한반도,
# 평화의 길은 어디인가

# 11

## 한반도, 안전장치 없는 치킨게임에 빠지고 있다

2022년 한해는 위기의 연속이었다. 이전에 없었던 북한의 무력도발과 한미연합의 물러섬 없는 대응이 반복됐다. 물러서지 않는 양측의 대결 속에 한반도 정세는 요동치고 있다. 2023년의 한반도 역시 긴장감이 지속되고 있다.

필자는 몇 가지 이유로 지금의 한반도가 과거 그 어느 때보다 무력 충돌의 가능성이 높다고 생각한다. 그 이유는 무엇인가?

### 첫 번째,
### 북한의 무력도발은 협상용이 아니다

과거 북한의 무력도발은 '협상에서 우위를 차지하기 위한 목적'이란 해석이 주를 이루었다. 실제로 북한은 미국이나 한국에서 새로운 정부가 들어서거나, 다자협상이 소강상태에 접어들 때, 무력도발을 통해 상대를 압박하며 협상을 주도하려 했다. 우리가 북한의 협상 전술을 말할 때 사용하는 '벼랑 끝 전술'이다.

그러나 북한은 더 이상 협상을 고려하지 않고 있다. 북한은 2019년 2월 하노이 북미정상회담 결렬 이후, 같은 해 6월 판문점에서 남북미 정상회동을 통해 대화를 지속하는 듯 보였으나 그것이 마지막 대화였다. 북한은 이제 어떠한 북미, 남북대화도 거부하고 있다.

북한의 대화 거부는 무엇을 의미하는가? 지금까지 북한은 미국으로부터 체제 안전을 보장받으려 했다. 그러나 이제 핵을 통해 체제 안전을 스스로 보장하겠다는 생존전략을 선택한 것으로 판단된다. 결국 북한의 무력도발은 소형화된 핵을 대륙간탄도미사일(ICBM)에 실어 미국 본토를 타격할 수 있다는 것을 증명할 때까지 지속될 것이다.

### 두 번째,
### 더 이상의 실효적인 대북제재는 없다

북한이 2016년 이후 세 차례의 핵실험을 단행하면서 국제사회는 UN 안보리를 중심으로 강력한 대북 경제제재를 단행하였다. 여기에 2020년 발생한 코로나19 팬데믹은 북한을 거의 완벽하게 봉쇄한 것과 같은 제재 상황을 가능케 했다.

국제사회의 대북제재가 효과적이었던 이유는 한국과 중국, 그리고 러시아가 제재에 적극 동참했기 때문이다. 그러나 강고했던 제재동맹에 균열이 커지고 있다. 미중전략경쟁은 한반도 문제에 대한 미중협력을 어렵게 만들었고 러시아의 우크라이나 침공은 미국의 대러제재로 이어졌다.

2022년 이후 북한의 대륙간탄도미사일 발사에 대응해 UN안보리가 수 차례 소집되었으나 중국과 러시아의 반대 속에 추가적인 대북제재로 이어지지 못했다. 중국과 러시아가 한반도 문제에서 미국의 책임을 주장하는 상황에서 북한이 7차 핵실험을 단행하더라도 UN안보리에서 어떠한 대북제재 결의안을 채택하기는 어려워 보인다.

여기에 북한은 현재와 같은 대북제재 조치가 시작된 2017년 12월 (UN결의안 2397호) 이후 '자력갱생'으로 5년을 견뎌내며 제재를 통한 굴복이 쉽지 않음을 보여주고 있다.

### 세 번째,
### 한국도, 미국도 싸움을 피할 생각이 없다

마지막으로 이 험악한 분위기를 전환할 출구도, 중재자도 보이지 않는다. 북미 간 군사대결이 격화될 때 대화를 모색했던 한국 정부조차 강대 강의 군사 조치로 맞서고 있다. 한국도, 미국도, 북한의 도발에 더 강한 군사력으로 정면대응하고 있다.

일례로, 2022년 11월 한미연합공중훈련 '비질런트 스톰(Vigilant Storm)'에 맞서 북한은 대륙간탄도미사일 발사 시험을 단행했다. 이에 대응해 한미동맹은 '비질런트 스톰' 기간을 연장하고 미국의 전략폭격기 B-1B 2대를 훈련에 투입하는 등 물러서지 않았다. 여기에 한미안보협의회의(SCM) 공동성명에 '김정은 정권의 종말'을 언급하는 등 한반도 긴장이 어느 때보다 고조되었다.

과거 한반도 비핵화를 위한 다자 논의를 주도했던 중국 또한 상황을 주시할 뿐 자의 반, 타의 반으로 나서지 못하고 있다. 중국은 어느 쪽도 지지할 수 없으며, 어느 쪽도 비난할 수 없는 상황에 놓여있다. 중국은 어떤 식으로건 북핵 문제가 미중갈등으로 비화되는 것을 원치 않을 것이다.

## 평화의 메신저,
## 중재자가 필요하다

글을 쓰며 지금처럼 대안을 찾기 어려운 적도 없었다. 한반도는 정전체제 아래 있다. 이 정전체제는 불완전하다. 특히 남북관계가 악화될 때마다 터져나왔던 약한 고리들, 서해와 휴전선에서 언제든 무력 충돌이 발생할 수 있다. 그리고 천 만의 서울시민이 그 휴전선으로부터 60km 거리에 살고 있다.

출구를 염두에 두지 않는 남과 북의 대치는 치킨게임으로 이어져 돌이킬 수 없는 파국을 가져올지 모른다. 현재 상황에서 유일한 대안은 시민사회이다. 안타깝게도 코로나19 팬데믹 시대에 국가의 영향력을 확대되었고 시민사회는 위축되고 있다.

그럼에도 불구하고, 시민사회는 남북관계에서 배타적 권한을 행사하는 정부를 민주주의의 힘으로 진정시키고 한반도 평화를 위한 대안을 요구해야 한다. 현재 상황에서 대북 특사 파견은 최소한의 출구가 될 수 있을 것이다.

또한, 한반도 평화를 위해 함께해온 국제사회의 도움이 절실하다. 한반도 평화를 위한 국제사회의 연대와 지지를 이끌어내야 한다. 과거 카터 전 미국 대통령이 그러했듯이, 갈등을 중재할 해외 인사의 방북을 추진할 필요가 있다. 이런 의미에서 프란치스코 교황의 방북은 그 어느 때보다 간절하다.

# 12

## 한반도 군사훈련을 동결하고 평화지대를 선언하자

2022년 이후 북한의 무력도발이 본격화되면서 제7차 핵실험이 언제 있을지 국내외의 관심을 끌고 있다. 정부도, 국회도, 언론도, 그런데 우리는 북한의 핵실험을 기다려야만 하는가? 이 글은 대안 없이 '인내'하는 정부의 한반도 정책을 비판하고 북한 핵실험과 한미연합훈련의 동시 중단을 제안한다.

### 북한의 핵실험,
### 기다리는 것이 전략인가?

지난 2022년 9월로 돌아가 보자. 국가정보원은 국회 정보위원회 회의에서 북한이 핵실험을 한다면 10월 16일에서 11월 7일 사이에 단행할 수 있다고 보고했다. 중국의 제20차 당 대회와 미국의 중간선거 사이에 북한이 핵실험을 단행할 가능성이 높다는 것이다.

국정원의 예상은 빗나갔다. 하지만 올해도 어김없이 우리 정부와 언론은 북한이 언제 핵실험을 할 것인지, 날짜 맞추기에 열을 올려왔다.

'곧', '이번에는'을 강조하던 목소리는 그 시간이 지나면 아무런 평가 없이 '다음'을 기약하기를 반복하고 있다. 우리는 언제부터인가 북한의 도발을 기다리는데 익숙해졌다.

국가의 역할은 무엇인가? 북한의 핵실험을 기다리다, 핵실험이 일어나면 '한미연합방위는 변함없이 튼튼하다!' 앵무새처럼 반복하는 것이 국가의 역할인가? 우리 국민은 북한의 핵실험 날짜를 맞추는 정부가 아닌, 핵실험을 막고 가시적인 평화의 성과를 제시할 수 있는 정부를 원한다.

## 한반도를
## '평화지대'로 선언하자

한반도 주변 정세가 불안하다. 아니 그 어느 때보다 불안정하다. 2022년 중국이 20차 당 대회를 치루고 미국의 중간선거가 끝나며 미중 간 전략경쟁이 본격화되고 있다. 미국과 중국이 경쟁하는 상황에서 한반도에 평화가 정착된 사례는 많지 않다. 반대로 미중관계가 호전된 시기에 한반도는 대화를 진전시켜 왔다.

이에 더해 러시아의 우크라이나 침공은 미러관계마저 얼어붙게 만들었고 일본은 '반격 능력'을 강조하며 군사력 강화를 추진하고 있다. 미중 경쟁이 가열되는 상황에서 일본과 러시아까지 한반도를 배경으로 험악한 분위기에 동참하고 있다.

한국은 출렁이는 한반도 정세의 중심에 서 있다. 한가하게 핵실험 날짜를 맞추며 기다릴 때가 아니란 것이다. 이제 우리는 그 어느 나라도 한반도에서 전략적 모험을 추구하지 못하도록 행동해야 한다. 필자는 한국이 먼저 한반도를 '평화지대'로 명확히 선언하고 이에 대한 도전행위에 적극적으로 대응할 것을 제안한다. 특히 미국과 중국이 '한반도 평화지대'를 지지하고 동참할 수 있도록 노력해야 한다.

미국과 중국은 인도·태평양지역에서 치열한 전략경쟁을 진행하고 있다. 다만 미국과 중국 모두가 상호협력의 길을 열어 놓은 곳이 바로 한반도이다. 한반도 평화를 지키는데 미국과 중국은 선택의 문제가 아니다. 미국뿐만 아니라 중국 또한 한반도 평화의 책임과 의무를 다할 수 있도록 공간을 마련하고 함께해야 한다.

## 북핵 실험과 한미연합훈련, 함께 동결하자!

우리는 한반도 정세변화에 적절히 대비하고 있는가? 나는 우리 정부가 한반도에서 조성되고 있는 위기 상황에 제대로 대응하지 못하고 있다 생각한다. 정부는 북한의 도발을 사전에 방지하지 못하고 있으며 그 결과 한반도의 불안정은 가중되고 있다.

한반도를 평화지대로 선언하자는 제안은 어찌보면 당연하면서도 현실적으로 가능하겠느냐는 비판을 면키 어렵다. 현재와 같은 강 대 강의 대결 구도를 전환할 수 있는 조치가 필요하다. 그렇다면 한반도 평화지대를 선언함에 있어 필요한 조치는 무엇인가?

나는 북한이 핵실험과 대륙간탄도미사일 발사 등 대량살상무기(WMD) 관련 도발을 중단하고, 한미는 합동군사훈련을 중단할 것을 제안한다. 이는 양측이 군사 대결의 딜레마를 우선 멈추고 한반도를 평화지대로 만들기 위한 합리적 선택이 될 수 있다.

북한을 핵보유국으로 인정하느냐와는 별개로, 북한의 핵무기 보유와 실전 배치는 국제사회에서 기정사실로 받아들여지고 있다. 이제 북한은 핵을 소형화, 고도화하고 타격 가능 거리를 확대하기 위해 노력하고 있다. 북한은 한 발 더 나가 핵무기 사용 조건을 법제화하며 선제 핵 공격을 부정하지 않고 있다. 결국 기다림은 더 큰 안보 위기로 돌아올 것이다.

우리에게 한반도 평화는 국가 생존의 문제이다. 하지만 우리는 북한의 무력도발에 속수무책으로 당하고 있다. 이제 더 이상의 도발과 갈등을 종식하기 위해 선택해야 한다. 우리 정부가 북한의 핵실험을 기다리는 목적 없는 '인내 전략'을 지속하기보다는 적극적인 피스메이커(peace-maker)로 행동하길 촉구한다.

# 13

# '전수방위' 해제, 일본의 군사대국화를 우려한다

2022년 12월 16일, 일본이 '국가안전보장전략' 등 3대 안보문서 개정을 통해 2차대전 이후 유지돼 온 '전수방위(專守防衛)', 즉 '적으로부터 공격을 받았을 때 비로소 방위력을 행사한다'는 원칙을 실질적으로 무력화했다. 일본의 평화헌법을 개정하지 않고 꼼수를 부린 것이다. 그러나 우리 정부는 이에 대해 모호한 입장만을 고수하고 있다.

이 글은 일본의 속이 보이는 전수방위 무력화에 미온적으로 대응하는 우리 정부의 문제점을 제기하고자 한다.

## 평화헌법을 흔드는
## 3대 안보문서 '꼼수' 개정

일본 정부는 2022년 12월 임시 각의(閣議·국무회의)를 통해 적 미사일 기지 등을 공격할 수 있는 '반격 능력'을 보유하는 내용을 포함한 3대 안보문서를 개정하였다. 이번에 개정된 3대 안보문서는 '국가안전보장전략', '국가방위전략' 그리고 '방위력정비계획'이다. 이들 문서는 일본의 외교안보 기본 지침과 자위대의 역할 및 방위력 건설, 그리고 방위 장비 조달을 규정한 핵심 문서들이다.

3대 안보문서의 핵심적인 개정 내용은, 적이 일본에 대해 "공격에 착수한 것이 확인되면" 선제적으로 '적기지 공격 능력'(반격 능력)을 사용하겠다는 것이다. 그러나 어떤 기준으로 '공격 착수'를 판단할 것인지 모호하기만 하다. 판단 기준에 따라 '전수방위' 원칙이 무력화될 수 있는 것이다.

일본의 평화헌법은 일본의 군사적 공격 의지와 그 능력을 스스로 부정하고 있다. 평화헌법 제9조는 "국제 분쟁을 해결하는 수단으로서 국권이 발동되는 전쟁과 무력에 의한 위협 또는 무력 행사를 영구히 포기"함을 명시하고 있다. 보다 구체적으로 이러한 목적을 달성하기 위한 "육·해·공군 및 기타 전력을 보유하지 않으며, 국가의 교전권을 인정하지 않는다."

잘 알려진 바와 같이, 아베 전 총리는 평화헌법 제9조를 개정하기 위해 부단히 노력해 왔다. 그러나 국내외의 반대로 헌법개정이 어려워진 상황에서 기시다 내각이 3대 안보문서 개정이라는 꼼수를 부린 것이다. 기시다 내각의 후속조치도 발빠르게 진행됐다. '반격 능력' 보유를 포함해 2023년 방위 예산은 전년보다 약 25%나 증가한 6조 8천억 엔(약 65조)으로 증액되었다.


**윤석열 정부는
일본의 '전수방위' 무력화를 지지하는 것인가?**

전수방위를 무력화하기 위한 일본 정부의 시도는 아베 내각이 등장한 이후 끈질기게 추진돼 왔다. 일본이 식민지 역사를 인정하지 않고 반성하지 않는 상황에서 전수방위 원칙을 흔드는 것은, 식민지 당사국인 우리나라로서는 결단코 용납할 수 없는 것이다.

윤석열 정부는 우리 국민의 정서와 달리 한일 군사협력에 정성을 쏟고 있다. 그러나 한일 간 역사문제가 해결되지 않고 일본이 이를 인정하고 반성하지 않는 상황에서 군사협력에 대한 우리 국민의 인식은 매우 부정적이다. 2022년 11월 6일, 일본 해상자위대 창설 70주년 관함식에서 우리 해군이 욱일기에 경례한 것과 관련해 우리 국민의 60.7%가 "국민정서와 배치되는 부적절한 행동이었다"고 답한 바 있다.

일본의 안보전략 개정에 대해 윤석열 정부는 반격 능력을 "전수방위 개념을 변경치 않으면서 엄격한 요건 내에서 행사"한다는 일본의 입장을 근거 없이 비호하고 있다. 또한, "한반도 대상 반격 능력 행사와 같이 한반도 안보 및 우리의 국익에 중대한 영향을 미치는 사안은 사전에 우리와의 긴밀한 협의 및 동의가 반드시 필요"하다고 강조한다. 그러나 이것은 한국 정부의 희망 사항일 뿐, 일본의 생각은 그렇지 않다.

## 우리는 일본의 '선제적 반격'을 통제할 수 있나?

일본의 새로운 안보전략에 대응한 미국과 중국의 대응도 주의 깊게 바라볼 필요가 있다. 미국은 "일본의 새 전략이 인도·태평양 뿐만 아니라 세계 평화를 증진하고 질서에 기반한 규칙을 보호하기 위한 우리 동맹의 능력을 재구성"했다며 환영한 반면, 중국은 오키나와 근해에 랴오닝함 등 6척의 항모 전단을 파견해 무력 시위에 나섰다. 미국은 동북아 지역에서 북한뿐만 아니라 중국을 봉쇄하기 위한 거점으로 일본을 재건하기 위해

'전수방위'라는 일본의 결계를 걷어내려 하고 있다.

일본의 '선제적 반격'은 단기적으로 북한의 미사일 발사에 대응한 것으로 이해된다. 종국적으로 그 범위는 중국을 향하게 될 것이다. 그렇다면 일본의 '선제적 반격'을 우리 정부는 통제할 수 있는가? 현재 일본의 입장을 봤을 때, 우리 정부가 일본의 대북 선제 반격을 통제할 수 있다고 단정하기 어렵다.

최근 일본 방위성 인사가 일본의 선제적 반격은 "일본의 자위권을 행사하는 것으로 다른 국가의 허가를 얻는 것"이 아니며, "일본이 자체적으로 판단할 것"이라 말해 충격을 주고 있다. 대한민국 헌법상 우리 영토로 규정된 북한에 대한 '선제적 반격'도 자체적으로 판단하겠다는 것이다. 이제 일본이 한반도에서 무력 충돌 가능성을 높이는 변수로 등장한 것이다.

## 일본 정부에 NO라고 말해야 한다

한국은 한반도 문제의 당사국이다. 윤석열 정부는 일본의 이번 안보 문서 개정에 대해 반대입장을 명확히 표명해야 한다. 무엇보다 일본이 한반도, 특히 북한을 목표로 한 '선제적 반격'을 가한다는 것은 또 다른 전쟁으로 비화될 수 있다는 점에서 절대로 용납될 수 없다.

아니나 다를까, 북한은 외무성 대변인 담화를 통해 북한의 "자위권 행사를 핑계삼아 재침 군사력 증강이라는 검은 배속을 채우려는 일본의 행태는 결코 정당화될 수 없고 용납될 수 없다"며 "부당하고 과욕적인 야망 실현 기도에 대해 실제적인 행동으로 계속해서 보여줄 것"이라 엄포를 놓았다. 한반도에서 또 다른 전선이 그어지고 있다.

결론적으로, 일본의 군사 행동, 최소한 한반도에 관한 행동은 한미연합의 한반도 안전보장 틀 내에서 통제돼야 한다. 그렇지 않다면 한반도는 북일 간 무력 충돌이라는 소용돌이 속에 빠져들 수 있다. 이와 관련해 윤석열 정부는 미국 정부에게도 우리의 반대 입장을 명확히 전달할 필요가 있다.

한일 양국이 국가 주도로 현안을 해결하려는 자세는 매우 우려스럽다. 무엇보다도 윤석열 정부는 한일 간 역사문제를 온전히 해결해야 한다는 우리 국민의 여론을 무시하고 있다. 기시다 내각 또한 스스로 평화헌법을 부정함으로써 평화헌법을 지지하는 일본 국민의 여론을 무시하고 있다.

최근 한반도 문제에 관한 민주적 의사결정이 모든 관련국에서 침해받고 있다. 한일 양국의 시민사회가 이 문제에 적극적으로 대안을 모색하고 공동으로 대응해야 하는 이유가 여기에 있다.

# 14

## 협상 공간을 창출하고 중국에게 패스하라!

최근 한반도는 하나의 큰 줄기로 정세가 형성되기보다는 다양한 흐름이 한반도 주변으로 이어지며 깊은 소용돌이를 일으키고 있다. 이 글에서는 한반도를 중심으로 냉전의 그림자가 다시 모습을 드러내고 있음을 비판하고 우리의 대응 방안에 대해 논의해 보겠다.

### 북방 3각(북중러)과 남방 3각(한미일)의
### 소리 없는 재건

1990년대 초, 냉전의 해체와 함께 노태우 정부는 적극적인 북방정책으로 한반도 냉전체제, 즉 한-미-일 3각 연합과 북-소-중 3각 연합의 대결구조를 무너뜨렸다. 한국이 소련(1990), 중국(1992)과 국교를 정상화함으로써 한반도 냉전체제의 일각을 허문 것이다.

물론 중국, 그리고 소련 붕괴 이후의 러시아가 북한과의 동맹조약을 폐기한 것은 아니지만 한반도에서 갈등이 고조될 때면 중재자, 혹은 균형자 역할을 담당해 왔다. 특히 중국은 북핵 문제 해결에 있어 6자회담을 주도하며 동북아에서 안보 불안을 해소하기 위해 노력했다.

중국과 미국이 양자와 다자체제를 오가며 진행한 북핵 협상은 결국 실패로 돌아갔다. 북한은 2017년 9월 제6차 핵실험을 통해 핵 보유를 선언한 것이다. 한반도에서 북한의 핵무장은 강력한 대북 제재라는 규범을 국제사회에 각인시켰고 중국과 러시아가 이 레짐에 가담함으로써 북한은 고립되고 만다.

그런데 미중 전략경쟁과 무역전쟁, 그리고 러시아의 우크라이나 침공으로 인한 서방의 대러 경제제재가 중첩되면서 대북 제재를 매개로 지속됐던 제재레짐이 균열 양상을 보이고 있다. 이 과정에서 북한은 중국과 러시아에 강한 지지를 보내고 미국에 대한 비난을 한층 강화하고 있다. 북-중-러 3각 동맹을 재건하려는 것이다.

## 북한 핵의
## 암묵적 인정을 막아라

최근의 변화가 더욱 우려스러운 것은, 하노이 북미정상회담(2019)이 결렬된 이후, 북한이 그간의 안보 전략, 즉 미국으로부터의 안전보장이란 목표를 폐기하고 핵무기로 체제 안전을 보장하겠다는 의지를 지속적으로 표방하고 있는 점이다. 이제 북한은 미국과 대결하는 중국과 러시아를 포섭하려 한다.

2022년 북한의 대륙간탄도미사일(ICBM) 발사에 대한 UN 안전보장이사회의 대응 과정들은 시사하는 바가 크다. 미국이 주도한 추가적인 대북제재안에 중국과 러시아가 거부하면서 결의안이 무산된 것이다. 이제 UN안보리 결의로부터 구축된 강력한 대북 제재레짐은 과거와 같이 작동하지 않을 가능성이 높다. 북한이 7차 핵실험을 단행한다 하더라도 UN 안보리의 대북제재 결의안이 또다시 부결될 수 있는 것이다.

현재 진행되고 있는 미-중, 미-러 간 갈등 양상은 단기간에 해결되기 어려울 것이란 평가가 지배적이다. 이 과정에서 북한이 북-중-러로 이어지는 동맹체제를 재건하게 된다면 북한의 핵 보유가 이들 간에 암묵적으로 용인되는 상황 또한 불가능하지만도 않다.

최근까지 우리 정부와 언론은 북한의 7차 핵실험, 그리고 대륙간탄도미사일 발사 가능성에 대해 발언을 쏟아냈다. 그러나 지금 우리가 우려할 지점은 북한의 도발뿐만 아니라 이 도발이 용인될 수 있는 구조가 한반도에 형성되고 있다는 점이다.

## 공간을 창출하고
## 중국에게 패스하라

한반도 주변 정세는 정지한 것처럼 보인다. 그러나 앞서 설명한 것과 같이 실상은 매우 우려스러운 상황으로 악화되고 있다. 그렇다면 우리는 어떻게 대응해야 할까?

첫째, 우선은 한반도 정세의 악화를 막아야 한다. 무엇보다 한반도 비핵화에 대한 주변국의 지지를 강화해야 한다. 미국과 일본은 물론이고 중국과 러시아의 한반도 비핵화 지지를 확인하기 위한 평화외교를 적극적으로 추진해야 한다. 이 과정에서 유엔과 국제평화기구, 유럽연합(EU) 등 다양한 행위자들을 활용할 필요가 있다.

둘째, 한반도 비핵화 협상의 공간을 창출하고 중국의 역할을 강화해야 한다. 이는 한반도 북방 3각연합에서 중국을 분리해 한반도 대결 구도를 해체하고 비핵화를 위한 다자협상을 재개하기 위한 방안이다. 구체적으로, 한반도에서 만큼은 미국과 중국이 북핵 문제 해결을 위해 협력할 수 있도록 역할을 분담해야 한다.

먼저 북미, 남북대화가 오랜 시간 중단된 상황에서 다자협상의 트랙을 재가동할 필요가 있다. 중국이 주도적인 역할을 담당하는 다자협상을 통해 중국을 북한으로부터 분리하고 북핵 문제 해결의 모멘텀을 유지해야 한다. 축구 경기를 가정하면, 다자협상의 '공간'을 창출하고 중국에게 북핵 문제 해결의 공을 '패스'해야 한다.

마지막으로, 남북관계에서 전향적인 교류·협력을 모색해야 한다. 한반도 평화를 담보하기 위해 남북관계의 정상화는 필수적이다. 한국은 남북관계 정상화를 통해 대북 영향력을 회복하고 한반도 문제를 주도적으로 통제할 수 있어야 한다. 다만, 과거의 방식보다 전향적인 방안을 모색할 필요가 있다.

통일부는 2023 업무보고를 통해 '담대한 구상'으로 북한의 실질적 비핵화 조치를 이끌어내겠다고 밝혔다. 무엇보다도 사회문화교류를 위한 '담대한' 조치를 통해 남북의 접촉면을 넓히고 상호신뢰를 회복할 필요가 있다. 또한, 한반도 디지털 플랫폼 등 포스트 코로나시대에 효과적인 교류협력 공간을 창출해야 한다.

한반도 평화를 만들어가는 과정에 정부와 비정부가 존재할 수 없다. 정부는 국회와 시민사회, 기업인과 예술인, 그리고 해외의 동포 모두가 피스메이커가 될 수 있도록 공간을 만들고 지원해야 할 것이다.

# 15

## K-방산 대박, 축포 터뜨리기 전에 생각할 것들

최근 K-방산에 대한 기대가 높아지고 있다. 한국 정부는 2022년 7월 폴란드와 K2 전차, K9 자주포, 그리고 FA-50 경공격기와 K239 천무 다연장로켓 발사대 등 약 124억 달러에 달하는 수출 계약으로 '대박'을 터뜨린 바 있다. 이는 2021년 전체 방산수출액을 넘어서는 규모다.

K-방산이 국내를 넘어 해외에서 인정받으며 국내외의 찬사가 이어지고 있다. 이 글은 K-방산에 대한 기대와 함께 한 번쯤은 짚고 넘어가야 할 불편한 질문을 던져보려 한다.

### 자주국방의 꿈은
### 여전히 현재 진행형

일본제국주의에 나라를 잃고 독립을 쟁취하기 위해 우리 선조들은 얼마나 많은 피를 흘렸나? 그 피의 대가로 우리는 해방을 이룰 수 있었다. 나라 잃은 설움을 아는 우리에게 통일만큼이나 반드시 이루어야 할 민족의 과업이 바로 자주국방이다.

그러나 해방의 기쁨이 채 가시기도 전에 한반도는 분단되었고 동족상 잔의 전쟁을 치렀다. 전후 구축된 한반도 정전체제는 강력한 한미동맹을 통해 유지될 수밖에 없었다. 식민지 경험과 분단, 그리고 전쟁의 상흔은 자주국방의 꿈을 더욱 절실하게 만들었다.

한국전쟁으로 UN연합군에 이양됐던 한국군의 작전통제권은 1994년 에 가서야 '평시작전통제권'에 한해 이양됐다. 그리고 여전히 '전시작전통 제권'은 한미연합사령관에게 귀속되어 있다. 지금까지 보수와 진보 정부 를 불문하고 자주국방을 강조하며 작전통제권의 완전한 인수를 추진했지 만 내부의 저항 또한 만만치 않았다. 그렇게 우리는 반쪽짜리, 아니 전시 에 우리 군대를 통제하지 못하는 국가로 남아 있다.

## 평화가 가져다 준
## K-방산의 기회

작전통제권 환수를 통한 자주국방의 꿈은 여전히 현재 진행형이다. 반면 김대중 정부 이후 추진된 K-방산이 최근 그 성과를 드러내고 있다. 작전통제권만큼이나 중요한 군사력, 특히 군사 무기의 성능과 국산화에 서 비약적인 성장을 달성한 것이다.

한국의 K-방산은 육·해·공의 전 분야에서 성장했다. 육군의 K-2 전 차와 K-9 자주포, 지대지 유도미사일 현무시리즈(Ⅰ, Ⅱ, Ⅲ), 해군에서는 잠대지탄도미사일(SLBM) 발사가 가능한 3000천톤급 잠수함인 도산안창 호함과 한국형 이지스함인 세종대왕급 구축함, 그리고 미국이 이전을 거부 한 핵심기술을 국산화하며 시험비행 단계에 접어든 4.5세대 전투기 KF- 21 보라매까지, 기술력과 함께 국산화에서 놀라운 성과를 보이고 있다.

우리나라의 IT 및 제조업 기술 발전과 함께 동반성장한 K-방산은 이제 해외로 진출하고 있다. 아이러니하게도 K-방산의 수요는 평화의 시기에 국방력 투자에 소홀했던 국가들이 미중전략경쟁과 러시아의 우크라이나 침략으로 안보 위기에 직면하며 폭발하고 있다. 우리 국회 또한 2020년 「방위산업 발전 및 지원에 관한 법률」을 제정하고 방위산업에 대한 국가 지원을 제도화했다.

국방기술진흥연구소가 발간한 "2022 세계방산시장 연감"에 따르면, 한국은 2017-2021년간 세계 방산 수출시장의 2.8%를 차지하며 8위에 이름을 올렸다. 그 이전 5년(2012-2016)에 비해 수출액이 177% 증가한 결과로 성장률만 보면 세계 1위를 기록한 것이다. 서두에서 언급한 폴란드와의 수출 계약이 제외된 수치이다.

관련해서 윤석열 대통령은 2022년 11월에 있은 '방산수출전략회의'에서 2027년까지 세계 방산시장 점유율 5% 달성과 방산 4강을 목표로 제시한 바 있다. 그야말로 새로운 수출산업으로 K-방산이 떠오르고 있다.


## 민주적 통제 없는
## K-방산을 경계한다

K-방산의 성장은 그야말로 눈부시다. K-방산의 성과는 분명 자주국방을 앞당길 것이다. 그러나 그것만이 전부는 아니다. 우리는 스스로에게 불편한 질문을 해야 한다.

영화 '아이언맨(Iron Man)'에서 주인공이자 세계적 무기생산업체 CEO인 토니 스타크는 자신의 무기가 테러리스트에 의해 이용되는 것을 보고 충격을 받는다. K-방산의 천문학적 수주에 모두가 흥분하고 있는

지금, 우리는 토니 스타크가 스스로에게 던진 질문을 똑같이 해야 한다. '무엇을 위한 K-방산인가?'

K-방산은 수출을 위한 도구인가? K-방산이 만들어낸 천문학적인 수출액이면 그것이 어떻게 쓰이건 상관없는 것인가? 그렇지 않다. 우리는 살상 무기를 수출하는 것이다. 그만큼 그것이 초래할 결과에 대해 책임질 수 있어야 한다.

미중전략경쟁이 격화되는 가운데 가치외교가 그 어느 때보다 강조되고 있다. 자유와 민주주의의 가치는 그 무엇과도 바꿀 수 없는 가치이다. 그러나 분단된 한반도에서 평화 또한 양보할 수 없는 소중한 가치이다. K-방산 또한 평화를 위한 도구여야 한다. K-방산이 침략과 테러의 도구가 되어서는 안 된다.

우리 무기의 수출에 있어 통제가 없는 것은 아니다. 「방위사업법 시행령」은 "1. 국제평화·안전유지 및 국가안보를 위하여 필요하거나 전쟁·테러 등과 같은 긴급한 국제정세 변화가 있는 경우," "2. 방산물자 및 국방과학기술의 수출로 인하여 외교적 마찰이 예상되는 경우" 방위사업청장이 "방산물자 및 국방과학기술의 수출을 제한하거나 조정"하도록 규정하고 있다. 2017년 발효된 무기거래조약(ATT) 또한 무기의 불법 거래 및 전용에 대한 방지 조치를 규정하고 있다.

다만 이와 같은 규정은 매우 모호하며 불투명하다. 최근 방위산업의 중요성이 커지고 있는 만큼 법률로서 그 절차를 명확히 규정할 필요가 있다. 또한 국회를 통한 민주적 통제장치가 마련되고 시민사회의 참여 또한 보장되어야 한다.

## K-방산의 성장,
## 전시작전통제권 환수로 이어져야

K-방산의 성장은 우리에게 무거운 책임을 부여하고 있다. K-방산의 성장에 환호하기보다는 그 책임을 어떻게 감당하고 민주적으로 통제할 것인지 고민해야 한다.

또한, K-방산의 성장은 앞서 언급한 진정한 자주국방, 즉 전시작전통제권의 환수로 이어져야 한다. 전시작전통제권 환수가 한미동맹을 약화시킨다는 주장은 자주국방을 스스로 포기하는 것과 같다. 그 어떤 나라도 자국 군대에 대한 작전통제권을 타국에, 그것이 동맹이라 하더라도, 양도하길 원치 않는다. 미국 또한 전시잔적통제권의 이양이 한미동맹의 발전에 도움이 될 것임을 강조해 왔다.

결국 K-방산의 성장은 전시작전통제권 환수를 통해 자주국방을 실현하고 한반도 평화의 책임 있는 당사자로서 대한민국을 바로 세우는 기회로 이어져야 한다.

# IV

# 한반도 비핵화, 핵무장이 답인가

# 16

## 한반도 비핵화 30년, 왜 악순환은 반복되었나?

　북핵 문제는 한반도뿐만 아니라 동북아와 전 세계 핵비확산 레짐의 관점에서 가장 뜨거운 이슈다. 2019년 하노이 북미정상회담 결렬 이후 한반도 비핵화를 위한 관련국 간 협상이 중단된 상황에서도 정치권과 학계의 논의는 지속되고 있다. 최근에는 핵무장론이 강화되며 한반도 비핵화 논의가 한국의 핵무장을 통한 공포의 균형을 모색하는 상황에 이르렀다.

　이 글은 한반도 비핵화를 위한 노력이 악순환을 거듭하는 이유는 무엇이고 그 시사점은 무엇인지 분석한다.

### 한반도의 불안정,
### 왜 지속되고 있나?

　1980년대 말 미소 냉전이 종언을 선언하며 해체됐다. 한반도는 독일과 함께 냉전의 최전선이었다는 점에서 냉전의 종식은 한반도에서 평화의 시대를 기대케 했다. 한반도에서 냉전의 구조는 북한과 소련, 중국의 북방 삼각과 한국과 미국, 일본의 남방 삼각의 대결을 의미했다. 당시 노태우 정부의 적극적인 북방정책을 통해 한소, 한중 수교를 맺음으로써 한반도 냉전의 한 축을 허무는데 성공했다.

그러나 탈냉전의 훈풍은 거기서 멈춰버렸다. 1992년 남북기본합의서와 한반도비핵화공동선언이 발효되는 성과가 있었으나 또 다른 냉전의 한 축인 북한과 미국, 일본과의 관계 정상화는 이뤄지지 않았다. 그렇게 북한은 고립되었고 1994년 김일성 주석의 사망과 식량난이 발생하며 국가 생존의 위기를 맞게 된다.

1990년대 북한의 정치, 경제, 사회에서 나타난 복합적 국가 위기는 북한이 머지않아 붕괴할 것이란 기대를 낳았다. 미국은 1994년 10월 북한의 비핵화와 북미관계 정상화에 합의했지만, 북미 수교는 진전되지 못했고 일본 또한 북한과의 관계 정상화에 미온적이었다. 결국 1990년대 중반 국가적 생존 위기를 극복한 북한은 핵무장을 통해 스스로 안보와 체제 보장을 추구하게 된다.

미소 냉전이 해체되며 한반도에서 힘의 균형이 무너졌고 그 과정에서 북한은 비대칭 전략으로 핵무장을 선택했다. 우리는 지난 30년간 북한의 핵무장을 비난해왔다. 분명 북한은 비난받아 마땅하다. 북한의 핵무장은 국제사회의 비핵화 규범을 위반하고 한반도, 특히 한국을 위협하고 있기 때문이다.

다만 북한의 핵무장이 한반도에서 해체되지 못한 냉전의 잔재로부터 기원함을 부정할 수 없다. 결국 이 문제의 해결 없이 한반도 비핵화는 요원하다. 지난 30년의 비핵화 노력이 악순환을 거듭한 근본 원인 또한 여기에 있다.

## 한반도 비핵화 노력,
## 악순환은 왜 반복되었나?

좀 더 구체적으로 지난 30년간 진행된 한반도 비핵화의 역사를 돌아보자. 한반도 비핵화는 왜 성공하지 못했나? 그 수많았던 노력은 왜 악순환을 거듭하며 실패했나?

첫 번째로, 앞서 언급한 한반도 냉전체제를 해소하는데 실패했다. 북한은 1990년대, 길게보면 2000년대까지 체제 안보를 보장받기 위해 핵무장과 북미관계 개선을 함께 추구했다. 북한은 미국만이 북한 체제의 안전을 보장해줄 수 있다고 생각했으며 수많은 비핵화 협상에서 이를 줄기차게 요구했다. 그러나 미국은 북미관계 개선에 미온적이었고 북미관계가 개선되지 않을수록 북한은 핵무장을 통해 스스로의 안전을 보장받는데로 나아갔다.

두 번째로, 국제사회는 대북제재를 통해 북한이 핵무장을 포기하도록 강제했다. 그러나 북한은 우리가 생각했던 것보다 강한 내구력을 보여주며 제재를 견디고 있다. 2020년 발생한 코로나19 팬데믹은 국제사회의 대북제재가 거의 완벽하게 이행된 상황을 연출했지만, 북한은 이 또한 견뎌내고 있다. 아니 북한은 대북제재와 코로나19 팬데믹 상황을 더 강한 사회통제의 동력으로 활용하고 있다.

미국은 과거 강력한 경제제재를 활용해 시리아와 이란의 비핵화를 이끌어낸바 있다. 그러나 북한은 이들 국가와 달리 폐쇄적인 경제체제를 운용하고 있으며 지도체제에 대한 저항 또한 효과적으로 억제하고 있다.

세 번째로, 지난 30년간의 한반도 비핵화 협상은 효과적이지 못했다. 양자 및 다자의 형태로 진행된 비핵화 협상은 너무 낮은 상호신뢰 속에,

너무 높은 목표를 추구함으로써 실질적인 비핵화를 진전시키는데 실패했다. 2008년, 검증문제를 합의하지 못해 종결된 6자회담과 2019년, 영변의 핵시설 폐기를 눈앞에 두고 결렬된 하노이 북미정상회담이 그랬다.

뿐만 아니라 미국과 한국은 일관된 한반도 비핵화 전략을 추구하지 못했다. 북한의 지속적인 핵무장 노력에 반해, 미국과 한국은 정권교체에 따라 단절된 비핵화 전략을 추진하며 북한에게 시간과 합의 파기의 명분을 제공했다.

## 한반도 비핵화 여정의 역사적 교훈

한반도 비핵화의 실패는 그 자체로 우리에게 역사적 교훈을 제공한다. 이 값비싼 교훈을 어떻게 받아들이고 실패를 반복하지 않느냐에 따라 한반도의 미래가 결정될 것이다. 그렇다면 한반도 비핵화의 역사적 교훈은 무엇인가?

첫 번째로, 북한은 체제 안전이 보장되지 않는 한, 단기적인 협상에 임한다 해도 결국 핵무기를 포기하지 않을 것이다. 북한에 대한 안전보장은 미국만이 할 수 있다. 북미수교가 완료되지 않는 이상 북한의 완전한 비핵화를 기대하기란 어렵다. 이는 한반도 냉전체제의 해체가 북한 비핵화의 열쇠임을 의미한다.

두 번째로, 국제사회는 대북제재로 북한을 굴복시키지 못했다. 우리가 예상한 것보다 북한의 내구력은 강고했다. 한국전쟁 이후 미국을 주적으로 준전시체제를 유지해온 북한을 가까운 미래에 굴복시킬 가능성은 높지 않다. 미중전략경쟁과 우크라이나 전쟁이 지속되는 상황에서 추가적인 제재 또한 요원하다.

세 번째로, 일관된 한반도 비핵화 전략이 없다면 북한은 이를 역이용할 것이다. 한국과 미국, 두 국가의 여당과 야당이 지속가능한 대북 전략을 마련해야 하는 이유가 여기에 있다. 북한은 핵무장의 마지막 단계에 접어들고 있다. 시간은 우리에게 유리하지 않다.

북한의 핵무장은 이미 주어진 현실이다. 과거를 한탄하기보다는 역사적 교훈으로부터 대안을 모색해야 한다.

# 17

# 미국의 한반도 비핵화 전략이 실패한 세 가지 이유

1992년 국제원자력기구(IAEA)가 북한의 핵 개발 의혹을 제기하며 특별 사찰을 진행한지 30년이 흘렀다. 지난 30년 동안 한반도 비핵화를 위한 노력이 지속됐지만, 결과적으로 북한의 핵을 막지 못했다. 이 글에서는 지난 30년간 미국의 한반도 비핵화 전략이 왜 실패했는지 그 이유를 분석하려 한다.

## 북한은 미국이 아닌
## 핵무기를 선택했다

1980년대 말 미소냉전의 해체는 한반도에서도 새로운 변화를 가져왔다. 한국은 북방정책을 통해 소련, 중국, 그리고 동유럽국가들과 국교를 수립하며 냉전의 한 축을 허물었다. 그러나 북한은 미국과 일본 등 서방과의 관계 정상화에 실패했다. 그렇게 북한은 고립되었고 비대칭 전략을 통한 균형을 시도했다. 핵무기 개발에 나선 것이다.

북핵 문제가 발생한 이후 협상의 핵심 당사국은 북한과 미국이었다.

북미 양자회담뿐만 아니라 4자, 6자회담에서도 핵심 이슈는 북미협상을 통해 다루어졌다. 북미협상의 핵심 주제는 두 가지였다. 북한의 비핵화 조치와 미국의 북미관계 정상화 노력이다.

결과적으로 북한은 미국으로부터 안전을 보장받겠다는 목표를 철회하고 미국이 아닌 핵무기를 통한 안전보장을 선택했다. 한반도 비핵화의 실패 원인은 1차적으로 북한의 비핵화 약속 불이행에 있다. 그러나 미국 또한 그 책임에서 자유롭지 않다. 이제 미국의 한반도 비핵화 전략을 냉정하게 복기할 필요가 있다.

## 미국은 북미관계 정상화에 실패했다

탈냉전 시대에 한반도가 냉전의 섬으로 남을 수밖에 없었던 이유 중하나는 북미관계가 정상화되지 못한 데 있다. 북한은 끊임없이 미국을 향해 도발하고 폭력적인 언어 도발을 일삼아 왔다. 그러한 도발을 북한의 야만성을 드러내는 행태로 비난할 수 있지만, 그들의 거친 행동은 미국에 대한 구애에 가까웠다.

미소 냉전이 해체되고 고립된 북한은 어떻게 체제의 안위를 보장받으려 했을까? 두 가지 갈림길이 있었다. 하나는 미국으로부터 안전을 보장받는 것이고, 다른 하나는 핵무기를 개발하는 것이다.

혹자는 북한이 중국으로부터 안전을 보장받고 있다 말하겠지만, 북한은 그들의 안전을 미국만이 보장해줄 수 있음을 오래전부터 터득하고 있었다. 미국은 북한의 도발에 피곤해했고, 북한은 어떻게든 미국의 관심을 끌려 노력했다.

그 결과 1994년 북미 제네바 합의를 시작으로, 2000년 북미 공동 코뮤니케, 그리고 6자회담의 결과물인 9.19 공동성명(2005)과 2.13 합의 (2007)까지 북한은 끊임없이 북미관계 정상화를 요구해 왔다.

그러나 미국이 북한과의 관계 정상화를 위해 구체적인 조치를 취한 적은 없다. 클린턴 정부 말기인 2000년, 조명록 국방위원회 제1부위원장과 올브라이트 미 국무장관의 상호 방문이 이뤄지며 관계 정상화를 위한 조치에 가장 근접했으나 이마저도 구체적인 행동으로 이어지지 못했다.

미국은 북미관계 정상화가 불가능하다면, 북한이 핵을 통한 자위의 길로 나갈 것이란 점을 몰랐을까? 미국은 북미관계 정상화가 한반도 평화에 중요한 과제라는 점에서 낮은 단계의 조치부터 최소한의 행동을 보였어야 했다. 그러나 미국은 북미관계 정상화에 실패, 아니 관심이 없었고 북한은 핵무장을 선택했다.

## 미국의 '전략적 인내'는 최악의 전략이었다

2009년 등장한 오바마 정부는 한반도 비핵화의 결정적 국면을 맞이하고 있었다. 2006년 10월 북한이 제1차 핵실험을 단행하며 핵무장이 가시화됐고, 2008년 12월 북핵 검증에 관한 이견으로 6자회담마저 중단된 상황이었다.

한반도 비핵화의 구체적인 비전과 행동이 필요한 이 시기에 오바마 정부는 '전략적 인내(strategic patience)'라는 이해하기 어려운 대북정책을 내놓았다. 북한과의 대화를 거부하며 '소극적인' 압박을 통해 북한의 변화를 이끌어내겠다는 다소 허황된 전략이었다.

이 이해하기 어려운 미국의 '전략' 아닌 '전략'은 결과적으로 2011년 등장한 김정은 체제가 2017년 제6차 핵실험을 통해 핵 보유를 선언하는 시간과 공간을 제공했다. 2016년부터 UN안보리가 이전에 없는 강력한 대북제재로 북한을 압박했지만, 북한의 핵 보유를 막지 못했다.

오바마 정부의 '전략적 인내'가 한반도 비핵화에 기여한 점은 무엇인가? 안타깝게도 '전략적 인내' 전략은 한반도 비핵화 노력에서 무기력한 공백기로 남아 있다. '전략적 인내' 전략은 미국의 한반도 비핵화 전략에서 가장 끔찍한 선택이었다.


## 현시점에서, 대북제재는 실패했다

2016년 북한의 4차 핵실험을 시작으로 UN안보리는 UN의 역사에서, '이전에 없던' 강력한 대북제재를 단행했다. 2017년 12월 북한의 대륙간 탄도미사일(ICBM) 발사에 대응한 UN안보리 결의안 2397호는 그 결정판이었다.

UN안보리의 대북제재 결의안은 북한의 수출입을 전면 통제하고, 해외노동자 파견을 봉쇄하며, 금융과 투자를 원천 차단하는 조치였다. 여기에 미 재무부가 주도한 독자적 대북제재는 달러와 세컨더리 보이콧이란 무기를 이용해 전세계 은행이 북한과의 거래를 자발적으로 차단하도록 만들었다.

미국이 주도하고 UN 안보리가 통제한 대북제재는 남북경협을 추진하던 한국 정부와 UN 안보리 거부권을 보유한 중국, 러시아가 동참하며 강력한 힘을 발휘했다. 여기에 2020년 초반에 발생한 코로나19에 대응해 북한이 스스로 국경을 봉쇄하면서 대북제재의 효과는 배가되었다.

　그렇게 북한은 국제사회의 대북제재를 견뎌내기 어려울 것처럼 보였다. 한국과 중국이 동참한 대북제재는 북한의 유일한 출구를 막고 항복을 이끌어낼 수 있는 듯 보였다. 그러나 북한은 이 압박을 지난 5년 동안 견뎌내고 있다. 외부의 공급을 막으면 북한이 항복하리란 기대는 깨졌다.

　최근에는 강고했던 국제사회의 대북 제재동맹마저 흔들리고 있다. 2022년 북한의 세 차례 대륙간탄도미사일 시험에 맞서 UN 안보리가 추가적인 대북제재를 논의했지만, 중국과 러시아가 거부권을 행사하며 추가 제재에 반대한 것이다. 북한이 제7차 핵실험을 단행하더라도 이전과 같은 대북 제재레짐은 복원되기 어려울 것으로 보인다.

## 미국도 북한 핵으로부터
## 안전하지 않다

　현시점에서 미국의 한반도 비핵화 전략은 실패했다. 또한 최근 진행되고 있는 북한의 도발은 미국을 향하고 있다. 북한은 앞서 말한 것처럼, 미국이 아닌 핵무기를 통한 자위를 선택했다.

　최근 수개월 동안 진행된 북한의 무력도발은 더 이상 대미협상용도, 국내정치용도 아니다. 북한은 빠른 시일 내에 핵을 소형화하고 대륙간탄도미사일의 사거리를 넓혀 그들의 무기가 미국에 직접적인 위협임을 증명하려 할 것이다.

　이제 미국도 북한 핵으로부터 안전하지 못하다. 더 이상의 '전략적 인내'도, 위험천만한 안보 경쟁도 중단되어야 한다. 한반도에서 북한의 무력도발과 한미연합의 대응이 에스컬레이팅 되는 상황은 국지적인 무력 충돌로 이어질 수 있다. 이것이 미국이 원하는 한반도 전략은 아닐 것이다.

## 미국은 한반도 평화에 책임이 있다

한반도는 분명 전에 없던 위기 상황을 맞고 있다. 그러나 이제라도 엉킨 실타래를 풀어 국면을 전환해야 한다. 어디서부터, 무엇을 해야 하나?

첫째, 미국은 한반도 평화를 위해 책임 있는 자세로 대화에 나서야 한다. 한반도에서 평화를 정착시키기 위해 미국과 중국의 협력은 필수적이다. 미중전략경쟁이 격화되고 있지만, 미국 또한 한반도에서 중국과의 협력이 필요함을 인정하고 있다. 미국은 한반도에서만큼은 책임 있는 당사자로서 중국과 대화해야 한다.

둘째, 미국은 북한과의 협상에 나서야 한다. 미국은 지금도 북한과 조건 없이 대화할 수 있다고 강조한다. 그러나 북미 간의 신뢰는 이미 깨져 있다. 미국은 북한과의 관계 개선에 대한 구체적인 대안을 제시해야 한다. 만약 1993년에, 2000년에, 그리고 2018년에 미국의 의미 있는 관계정상화 조치가 있었다면 어떠했을까? 이제 과거로 돌아갈 수 없다. 미국은 자국의 본토를 위협하는 북한을 대면하기 전에 현재 상황을 동결해야 한다.

셋째, 대북제재의 목적은 무엇인가? 대북제재는 한반도 비핵화의 도구이다. 그러나 지금의 대북제재는 한반도 비핵화를 위한 효과적인 운영에 취약하다. 북한의 비핵화 조치에 따라 '스냅백' 조치와 같은 '조건부' 제재 완화는 비핵화 과정에서 활용될 수 있어야 한다. 대북제재의 목적은 한반도 비핵화다.

미국은 한반도 평화를 위해 무엇을 할 것인가? 미국 정부는 먼저 지난 30년의 한반도 비핵화 여정에서 자신의 선택을 냉정하게 재평가해야 한다. 그리고 한반도 평화에 책임 있는 자세로 나서야 한다. 미국은 그만큼의 협상 권한을 누려왔고, 한반도 평화에 책임이 있다.

# 18

# 윤석열 정부는 한반도 비핵화를 포기한 것인가?

지금 이 순간에도 북한의 핵 능력은 고도화되고, 투사 범위는 확대되고 있다. 그러나 우리 정부는 이전의 그 어떤 정부보다도 무기력하다. 윤석열 정부는 북한 핵 문제를 풀만 한 힘도, 능력도, 의지도 없는 듯하다. 이 글은 남북의 주민을 볼모로 핵 놀음에 빠져 있는 남과 북 위정자들에 대한 호소이자, 분노이다.

## 강력했던 대북 제재레짐은 무너졌다

2018년 한반도에서 대화와 교류의 해빙기가 등장한 배경에는 한반도 주변 5개국, 즉 한·미·일과 중·러가 유엔 안보리의 대북 제재에 동참함으로써 강력한 대북 제재레짐을 구축하고 북미 간 비핵화 협상과 남북대화가 상호 보완적인 역할을 형성했기 때문이다.

그러나 현재 한반도는 2018년과 정반대의 상황에 처해 있다. 점차 격화되고 있는 미중전략경쟁과 러시아의 우크라이나 침공은 한반도 비핵화를 위한 다자협력의 공간을 축소시키고 있다. 미국을 중심으로 대중, 대러 경제제재가 강화되고 있는 상황에서 북한의 핵 도발에 공동으로 대응하기란 쉽지 않아 보인다.

북한 또한, 2019년 하노이 북미회담 결렬 이후 '정면돌파', '자력갱생'을 강조하며 남북, 북미 대화를 거부하고 있다. 결국 2018년 대북 제재 레짐을 바탕으로 북미협상이 주도했던 한반도 비핵화 프로세스는 멈춰섰다. 아니 2018년의 선순환 구조가 악순환의 구조로 전환되었다.

한반도에서 대화가 실종되고 대북 제재레짐이 무너졌다는 것은 무엇을 의미하는가? 이는 북한의 추가적인 핵 도발에 더욱 대응하기 어려워졌음을 의미한다. 최근 한미가 북한의 도발에 군사적 대응으로 응수하는 것은 그 외에 마땅한 대응 방안이 없기 때문이다. 문제는 이러한 군사 행동이 반복된다면, 서해에서, 휴전선에서, 양측의 물리적 충돌 가능성 또한 높아진다는 점이다.

## 북한은 민족을 볼모로 한
## 핵 놀음을 멈춰라!

북한은 핵무기로 우리 국민을 협박하고 있다. 북한은 2022년 9월 최고인민회의를 통해 핵무기 사용에 관한 5대 조건을 법제화하였다. 현실주의 국제정치에서도 방어적 무기로 인식되는 핵무기를 선제타격용으로 사용할 수 있다는 선언은 한민족을 볼모로 한 협박에 가깝다.

핵무기 사용의 법제화는, 그 실효성은 둘째치더라도 한반도 비핵화뿐만 아니라 선제 핵 공격 불가에 대한 김일성 주석과 김정일 위원장의 약속을 무참히 짓밟은 폭거이다. 이는 김일성과 김정일의 유훈을 체제의 존엄으로 강조하는 북한 통치이데올로기의 관점에서도 스스로를 부정하는 행위이다.

김일성 주석은 1992년 〈한반도비핵화공동선언〉을 통해 비핵화를 약속했으며, 김정일 국방위원장 또한 북미 합의와 6자 합의를 통해 수 차례 한반도 비핵화와 선제 핵 사용 불가를 공언한 바 있다. 김정은 위원장은 선대의 비핵화 약속을 스스로 파기하고 핵 보유를 선언했으며 선제 핵 사용까지 법제화한 것이다.

북한은 체제 수호를 위해 핵무장이 정당하다고 주장한다. 그러나 작금의 행태는 남과 북의 주민들을 볼모로 한반도의 평화를 스스로 위협하는 것 아니고 무엇인가?

## 대책 없는 윤석열 정부,
## 전쟁이라도 하자는 것인가?

북한의 핵 놀음에 한국 정부도 부화뇌동하고 있다. 윤석열 정부의 한반도 비핵화 전략은 명확하지 않다. 아니 명시적으로 제시된 비핵화 전략은 없다해도 과언이 아니다.

윤석열 정부는 소위 '담대한 구상'을 제시하고 한미동맹을 기반으로, 남북관계와 북한 비핵화의 선순환을 강조하고 있다. 그러나 이는 명백히 '비핵화 전략'이라 할 수 없다. 비핵화에 대한 구체적인 전략 없이 남북관계와의 선순환 관계를 강조한 것 이상도, 이하도 아니다.

윤석열 정부는 최근 지속되고 있는 북한의 도발에 미사일 발사 등 군사적 대응으로 맞서고 있다. 그저 말로만 북한을 비난하던 것보다 속은 시원할 수 있다. 그러나 남북의 군사적 대응이 상호 에스컬레이팅 되는 악순환 속에서 우리는 무엇을 얻고 있나? 정말 전쟁이라도 하자는 것인가?

윤석열 정부는 비핵화와 남북관계의 '선순환'을 이야기하고 있지만, 현실은 점점 격화되고 있는 안보 경쟁의 '악순환'이다. 결과적으로 윤석열 정부의 비핵화 전략은 無전략의 전략이다. 다만 북한이 우리 국민들에게 핵으로 위협하는 만큼이나 핵은 우리 정치에서 국민을 자극하고 협박하는 도구로 활용되고 있다.

## 앞으로 4년을
## 이렇게 보낼 수 없다

윤석열 정부는 스스로 한반도 비핵화를 주도할 수 있는 공간과 시간을 허비하고 있다. 중국을 제외한 한미동맹만으로 한반도 평화를 달성할 수 있는가? 나는 한반도 평화를 위해 미국과 중국의 협력이 필수적이라 생각한다. 최소한 두 강대국이 한국의 비핵화 노력과 대화에 반대하지 않을 때, 한반도 평화는 진전되어 왔고 앞으로도 그럴 것이다.

한반도 평화라는 명제에 미국과 중국을 묶고, 필요하다면 기존의 남북 합의를 과감하게 이행함으로써 대화의 테이블에 북한을 불러내야 한다. 미국이 북한과 합의한 관계정상화에 적극적으로 행동하고, 중국이 한반도에서 다자협상을 재건하도록 요구해야 한다.

앞으로 4년을, 대화 없는 살얼음판 속에 서로를 향한 미사일을 세어가며 핵실험 날짜를 기다리며 보낼 수는 없다. 이성을 잃은 남북의 군사적 대결을 더 이상 지켜볼 수만은 없다. 현재의 한반도 정세의 심각성을 인식하는 전문가, 활동가, 그리고 평화를 지키려는 국민 한사람, 한사람이 김대중 전 대통령이 외친 것처럼, 벽에 대고 소리라도 질러야 한다.

# 19

## 핵무장론, 한반도 비핵화의 대안인가?

한국의 핵무장에 대한 논쟁이 뜨겁다. 윤석열 대통령은 "문제가 심각해져 대한민국에 전술핵 배치를 한다든지, 우리 자신이 자체 핵을 보유할수도 있다"고 발언해 핵무장론에 불을 질렀다. 한 여론조사에서는 "한국의 독자적 핵개발"에 대해 76.6%가 긍정적으로 답했다.

과연 핵무기가 한국의 안전을 보장하고 한반도에 평화를 가져올까? 나의 대답은 부정적이다. 이 글은 북한 핵에 대응한 핵무장론을 비판적으로 검토한다.

### NPT체제와
### 핵비확산 규범의 성립

핵무장론을 검토하기 위해서는 국제사회의 핵비확산 규범으로 자리잡은 NPT(핵확산금지조약)체제를 먼저 이해할 필요가 있다. 제2차 세계대전이 그 끝을 바라보던 1945년 7월 16일, 미국은 뉴멕시코의 사막에서 코드명 '트리니티(Trinity)'로 명명된 인류 최초의 핵실험에 성공한다.

미국은 첫 핵실험이 성공한지 채 한 달이 되기 전에 일본의 히로시마와 나가사키에 핵폭탄을 투하했다. 그 폭발력은 어떤 재래식 무기와도 비교할 수 없었다. 결국 일본은 항복했고 2차 세계대전은 종언을 맞았다. 핵무기의 파괴력을 확인한 강대국들은 곧바로 핵 개발에 나섰다. 미국에 이어 1949년 소련이, 1952년 영국, 1960년 프랑스, 그리고 1964년 중국이 핵실험에 성공함으로써 핵보유국의 대열에 합류했다.

무정부의 세계에서 국가는 스스로의 안전보장, 즉 생존을 추구한다. 핵무기는 국가의 안전을 보장할 수 있는, 말 그대로 '끝판왕'이었다. 그런데 모든 국가가 핵무기를 통해 안보를 추구한다면 세계는 어떻게 될까? 모두가 공멸할 것이다.

국제사회는 핵확산이 가져올 끔찍한 미래를 우려하기 시작했다. 그렇게 1970년 출범한 것이 핵확산금지조약(NPT: Treaty on the Nonproliferation of Nuclear Weapons)이다. 이 조약을 통해 이미 핵무장에 성공한 5개국이 핵보유국의 지위를 인정받았고, 그 외 모든 NPT 회원국은 비핵보유국으로 남게 되었다.

이 같은 '불평등한' 조약이 가능했던 이유는 무엇이었을까? 기술적으로 NPT체제는 5개 강대국이 핵보유국의 특권을 가지 돼 핵군축을 추진하고, 비핵국은 '평화적 원자력 이용 권리'와 이를 위한 핵보유국의 지원을 약속받음으로써 가능했다. 하지만 그것뿐인가? 아마도 핵 보유를 통한 생존의 추구가 결과적으로 모두의 공멸로 귀결될 수 있다는 두려움을 느꼈을 것이다.

NPT체제는 여전히 도전받고 있다. 안보 위기에 처한 국가들은 끊임없이 핵무기를 갈구해왔다. 다만 핵 개발의 대가는 아이러니하게도 핵을 통한 안전보장 이상의 고통을 수반하게 된다. 이렇게 성립된 NPT체제와 핵비핵산 규범을 주도하고 있는 것이 바로 미국이다.

한국이 핵무장에 나선다면 어떨까? 미국은 한국이 동맹이기 때문에 한국의 핵무장을 용인할 것인가? 한국은 북한이란 '악마'로부터 핵 위협을 받는 민주주의 국가기 때문에, 핵무장을 국제사회로부터 인정받을 수 있을까?

## 한국의 핵무장이 가져올
## 감당하지 못할 결과들

최근 한국의 핵무장론이 대두되면서 미국 또한 민감하게 반응하고 있다. 미국의 반응은 명확하다. 미국은 한국의 핵무장을 반대하며 한반도 비핵화가 그들의 목표임을 명확히 한 것이다.

한국이 핵무장을 하기 위해서는 NPT를 탈퇴해야 한다. 전세계 핵비확산을 주도하고 있는 미국은 한국의 핵무장을 용인할 것인가? 미국의 핵전문가인 지그프리드 해커 박사는 "한국이 자체 핵무장을 결정하면 미국은 거의 확실하게(almost surely) 한국과 군사동맹과 경제협력을 중단할 것"이라고 주장했다.(38north) 한국은 핵무장의 대가로 한미동맹을 포기할 수 있는가?

만약 한국이 핵무장에 나선다면 동북아에서 '핵확산의 연쇄반응'이 일어날 가능성이 높다. 한국의 핵무장이 용인된다면 일본 또한 핵을 보유하려 들 것이다. 중국은 어떤가? 중국은 한국의 핵 개발에 맞서 사드(THAAD)의 한국 배치에서 보여준 경제제재와는 차원이 다른 보복에 나설 것이다. 우리는 동북아에서 핵안보경쟁을 목도할 가능성이 높다.

현실적으로 한국이 핵무장을 한다는 것은 엄청난 저항과 고통을 수반하게 될 것이다. 대외무역 의존도가 높은 우리나라에서 NPT를 탈퇴한다는 것은 그에 따른 불이익을 감수한다는 말과 같다. 윤석열 정부가 강조하는 원자력 수출은 물론 다양한 무역규제가 우리의 앞길을 막아설 것이다. 국내에서 핵실험 장소 찾는 것조차 엄청난 갈등을 수반할 것이다.

관련하여 한국의 자체 핵무장이 어렵다면 미국의 전술핵을 들여오자는 주장이 있다. 한국의 전술핵 도입은 NPT체제의 수평적 핵확산 금지 규정을 위반한 것으로 인식될 가능성이 높다. 또한 미중전략경쟁이 가중되는 상황에서 중국은 한반도에 전술핵이 배치되는 것을 사드(THAAD) 이상으로 민감하게 대응할 것이다.

더 큰 문제는 미국의 전술핵이 한국에 배치된다하더라도 전술핵의 발사 버튼은 '워싱턴'에 있다는 점이다. 우리는 종종 '미국이 서울을 위해 샌프란시스코를 포기할 수 있냐?'는 질문을 던진다. 만약 미국이 샌프란시스코를 포기할 수 없다면, 한국에 배치된 전술핵 또한 작동하지 않을 것이다.

그렇다면 미국의 핵우산 아래 있는 한국의 입장에서, 전술핵이 괌에 있는 것과 한국에 있는 것은 군사기술적으로 차이가 없다. 단지 심리적인 안정감 그 이상도, 그 이하도 아니다.


## 공포의 균형,
## 핵을 보유하면 우리에게 평화가 찾아올까?

핵은 그 파괴력으로 적국의 침략을 억제하는 무기로 인식된다. 적대적인 쌍방이 모두 핵을 가지고 있다면 '공포의 균형'이 일어나고 전쟁을 방지할 수 있다는 것이다. 국제정치에서 종종 언급되는 핵무장을 통한 평화의 논리이다.

그렇다면 눈을 감고 한번 생각해 보자. 한국이 결국 자체적인 핵무장에 성공했다. 이제 남과 북은 모두 핵을 가지게 됐다. 여러분의 눈앞에 평화로운 한반도가 펼쳐져 있는가? 아마도 아닐 것이다. 왜 그럴까?

우리는 핵을 가지지 못해 평화를 얻지 못하는 것이 아니다. 우리는 분단된, 그것도 전쟁이 끝나지 않은 한반도에서 남과 북이 서로 신뢰하지 못하고 대결하고 있기 때문에! 평화로운 한반도에서 살지 못하는 것이다.

남과 북이 핵을 가지고 공포의 균형을 이룬다해도, 남북이 정전체제를 해체하지 못하고 서로를 신뢰하지 못한다면 우리는 지금 보다 더 불안한 한반도에서 살게 될 것이다. 분단체제에서 남북의 핵 보유는 균형이 아닌 핵 대결, '핵의 정치화'를 가져올 가능성이 높다.


앞서 언급한 한국의 핵무장에 대한 여론조사는 우리의 현실을, 그리고 미래를 있는 그대로 질문하고 있는가? 만약 '한미동맹을 포기하고 핵무장을 할 것인가?'라고 질문했다면, 그 결과는 달라졌을 것이다.

# 20

## 한반도 비핵화를 위한 세 가지 제안

한반도 비핵화의 긴 여정은 여전히 현재 진행형이다. 어느 순간 북한이 핵을 가지고 우리를 위협하고 있다는 생각이 무뎌지기도 한다. 하지만 한반도 비핵화 없이 남도, 북도, 한반도와 동북아의 평화도 불가하다. 이 글에서는 지난 30년의 비핵화 노력에서 얻은 교훈을 바탕으로 세 가지 아이디어를 제안하도록 한다.

### 한반도 비핵화 정세의
### 현실과 교훈

먼저 한반도 비핵화 방안을 논의하기에 앞서 정리할 것들이 있다. 한반도의 현실을 직시하고 기존의 교훈을 수렴함으로써 우리의 목표를 명확히 할 필요가 있다.

첫 번째로, 북한은 핵무장에 성공했다. 핵비확산에 대한 국제사회의 노력에도 불구하고 북한이 핵을 보유한 것은 비난받아 마땅하나 그 사실을 부정하며 대안을 모색할 수는 없다. 북한이 핵무장에 성공한 상황에서 무력을 통한 비핵화도, 한국의 핵 보유를 통한 공포의 균형도 비현실적이다. 무력을 통한 한반도 비핵화가 불가한 상황에서 우리는 국제사회의 핵 비확산규범 선두에서 북한이 스스로 핵을 포기하도록 만들어야 한다.

두 번째로, 현 상황에서 북한이 핵을 포기할 가능성은 매우 낮다. 북한이 핵을 포기하지 않는 이유는 체제안전을 보장하기 위함이다. 자국의 안보가 위협받는 핵무장국이 핵을 포기하기란 쉽지 않다. 이와 관련해 통일부 관계자는, "북한이 핵개발 명분으로 삼거나 핵개발 과정에서 우려를 표명하는 것 중 하나가 안보 문제"라며 "북한이 더 이상 핵을 개발할 필요를 느끼지 못하는 수준까지의 내용을 담아서 북한에 제시할 계획"임을 시사한 바 있다. 우리는 북한의 체제안전과 비핵화를 맞교환해야 한다.

세 번째로, 대북제재만으로 비핵화를 달성하기 어렵다. 2016년 북한이 두 차례의 핵실험을 감행한 후, 국제사회는 북한에 강력한 경제제재를 유지하고 있다. 그러나 북한은 코로나19 팬데믹으로 국경을 봉쇄한 상황에서도 3년을 버텨내고 있다. 그만큼 북한의 체제 내구력이 강하다는 반증이다. 북한이 언젠가 붕괴할 것이란 기대는 이미 깨졌다. 오바마 정부의 '전략적 인내'는 결과적으로 비핵화의 골든타임을 허비했다. 대북제재는 비핵화의 도구일 뿐 목표가 아니다. 한반도 비핵화는 결국 협상을 통해 진전돼야 한다.

이제 앞서 논의한 한반도 정세 판단에 근거해 기존의 비핵화 방식과 다른 세 가지 방안을 제시하려 한다. 이 글이 한반도 비핵화 프로세스 전반을 아우르지는 못한다. 다만 기존의 한반도 비핵화 프로세스의 한계를 넘어선 새로운 논의를 제안하는데 초점을 맞추겠다.

# 첫 번째,
## 북미관계 정상화는 선택이 아닌, 필수

한반도 비핵화를 논의하는 과정에서 북한은 비핵화의 조건으로 북미관계 정상화를 지속적으로 요구해왔다. 북한은 자신의 체제안전을 위해 북미수교와 핵무장을 저울질해 왔다. 북한은 미국만이 자신들의 안전을 보장해 줄 수 있음을 알고 오래전부터 수교를 열망해 왔다. 그렇지 못할 경우 핵을 통해 스스로 안전을 보장하는 길이 있었다.

이런 이유로 북한은 1994년 제네바 북미합의부터 6자회담과 2018년 싱가포르 북미정상회담까지 줄기차게 북미관계 정상화를 요구했다. 그러나 안타깝게도 미국은 북미관계 정상화에 미온적이었다. 결국 북한은 2019년 하노이 북미정상회담 결렬 이후 핵무장을 통해 스스로의 안전을 보장하는 외 길로 들어섰다.

북미관계의 정상화는 한반도에서 냉전을 해체하기 위해 반드시 필요한 핵심 과제이다. 1990년대 초반 냉전이 해체되는 과정에서 한국이 소련, 중국과 국교를 정상화한 반면, 북한은 미국, 일본과 수교에 실패하였고 한반도는 탈냉전 시대의 냉전지대로 남게 되었다.

이제 미국도 북한의 핵으로부터 자유롭지 않다. 미국도 더 이상 '전략적 인내'를 발휘할 여유가 없다. 북한은 핵무기를 고도화·소형화하고 대륙간탄도미사일의 투사거리를 미대륙으로 확장하려 한다. 이제 미국도, 스스로의 안전을 위해서라도, 북미관계 정상화의 로드맵을 고민해야 한다. 뿐만 아니라 미중전략경쟁이 격화되고 있는 상황에서 미국은 북한의 가치를 새롭게 재평가할 필요가 있다.

## 두 번째,
## 한반도 비핵화 협상에 EU를 활용하자

지난 30년간 한반도 비핵화 협상은 남북과 북미, 그리고 6자회담의 형식으로 진행됐다. 이 과정에서 몇몇 합의를 도출하는 등 성과도 있었지만 상호 신뢰가 부족한 상황에서 각각의 합의들은 무력화되기 일쑤였다. 최근 남북, 북미 간 대화가 실종되고 미중전략경쟁이 가중되는 상황에서 비핵화 협상이 재개되더라도 실효적인 논의가 가능할지 의문이다. 나는 양측의 긴장과 불신을 조율하고 협상을 안정적으로 관리할 제3의 행위자, 구체적으로 EU의 참여를 제안한다.

EU는 첨예하게 대립하고 있는 한반도 비핵화 협상을 조율하고 관리할 적임자이다. 과거 EU는 북한과 가장 오랫동안 안정적인 정치회담을 운영한 경험이 있다. 북한과 EU는 국제사회의 대북제재가 구체화되기 전인 2015년까지 14차례의 EU-북한 정치대화를 지속하였다. 이 정치대화에서 북한이 불편해하는 인권문제가 논의됐을 정도로 북한은 서방 강대국(연합) 중 EU를 유독 신뢰하는 모습을 보여왔다.

EU는 또한 2013년에 체결된 이란 핵합의, 즉 '포괄적 공동행동계획(JCPOA: Joint Comprehensive Plan of Action)의 논의를 주도하고 현재 이 합의를 지탱하고 있는 핵심 협상자이다. 우리는 북한에 대해 EU가 갖는 지위와 핵협상의 경험을 한반도 비핵화 협상에 활용할 수 있다. EU 또한 수차례 한반도 비핵화를 위해 역할을 담당할 의사를 표명해 왔다.

관련하여 한반도 비핵화를 위한 남북과 미중, 그리고 EU가 포함된 5자협상테이블을 구상할 수 있을 것이다.

# 세 번째,
# 국제 비정부 네트워크를 구축하자

한반도 비핵화는 남과 북, 그리고 동북아와 전세계 평화를 위한 과제이다. 이는 단순히 국가 단위의 문제가 아니라 우리 국민, 우리 민족, 동포와 세계인이 함께할 문제이다. 그러나 지금까지 한반도 비핵화 논의는 정부 단위의 배타적 협상 틀에서 다루어졌을 뿐 비정부 영역의 역할은 제한돼 왔다. 최근 코로나19 팬데믹은 이러한 경향을 더욱 강화시키고 있다.

그러나 정부 단위의 한반도 비핵화 논의는 비핵화 논의 자체에 집중하지 못하고 동맹구조와 국내 정치, 즉 정권교체에 따른 분절화된 협상전략으로 안정적으로 관리되지 못했다. 무엇보다 지금과 같이 대화가 실종된 냉각기에 신뢰를 회복하기 위한 대안을 찾지 못하고 있다. 나는 한반도 비핵화를 위한 비정부 영역의 역할, 특히 시민사회의 역할이 강화되고 국가 또한 이를 보장하기 위해 노력할 것을 제안한다.

한반도 비핵화, 이를 넘어선 한반도 분단체제의 해체는 정치적 협상만으로 이행되지 않는다. 이는 남과 북, 미국과 북한이 사회문화교류를 지속하며 상호 간 신뢰를 쌓아갈 때 가능하다. 분명 북한체제의 폐쇄성과 억압성은 이러한 교류를 어렵게 만들고 있다. 하지만 한국과 미국 정부 또한 자국민의 북한 방문과 교류를 막고 있는 것 또한 사실이다.

특히 정부 간 대화가 중단된 지금, 시민사회와 국제사회가 주도적으로 대화를 재개하고 교류를 확대할 수 있도록 각국 정부가 공간을 제공해야 한다. 북한은 여전히 국경을 봉쇄하고 최소한의 물자교류만을 허용하고 있다. 그러나 4차 산업시대의 기술발전은 머지않은 미래에 북한 주민을 디지털 공간에서 대면할 때를 앞당길 것이다. 탈북민들이 국제사회의 대북제재와 북한의 국경봉쇄를 뚫고 가족들과 연결되고 있음은 시사하는 바가 크다.

관련하여 한반도 비핵화를 위한 국제 비정부 네트워크를 구축할 수 있을 것이다. 여기에는 핵감축을 위한 의원 네트워크인 PNND(Parliamentary Network for Nuclear Disarmament)와 같은 국제 의원 네트워크나, 국제 종교 네트워크, 그리고 한반도 평화를 위해 연대해 온 국제사회의 다양한 시민사회 네트워크가 함께 할 수 있다. 앞으로 진행될 정부 간 협상에서 각국의 시민사회와 국제사회가 의견을 제출하고 전문가들이 자문할 수 있는 구조를 마련할 필요가 있다.

### 한반도 평화는
### 우리의 생명이다

우리는 다양한 방법으로 한반도 평화를 모색하고 북핵문제를 해결하기 위해 노력해 왔다. 무기로, 핵무장으로 잠시간의 안정을 찾을 수 있을지 모른다. 그러나 한반도와 동북아시아에서 오늘 하루를 살아가는 사람들이 서로를 이해하고, 화해하고, 협력하지 않는 한 그 평화는 오래갈 수 없다. 우리 모두 평화를 만드는 피스메이커(peace-maker)가 되어 행동하자.

평화는 다른 누구도 아닌, 우리가 만들고 지켜야 할 생명이다.

## 바이든 대통령에게 보내는 편지

한반도는 한미동맹과 북한의 대화 없는 대결이 지속되며 위기가 증폭되고 있다. 북한은 핵무기를 고도화하고 대륙간탄도미사일 실험을 지속하며 미국을 위협하고 있다. 이 글은 바이든 미국 대통령에게 한반도 평화를 위한 미국의 대안은 무엇인지 묻는 질의서이다.

바이든 미국 대통령님,

저는 한반도 문제를 연구해 온 한국의 연구자입니다. 나는 이 글을 통해 한반도 평화를 위한 미국의 역할에 대해 질문하고 나의 의견을 전달하려 합니다.

### 한반도는 아직도
### 냉전의 섬으로 남아 있습니다

냉전이 해체된 지 30년이 넘었지만 한반도는 아직도 냉전의 그림자 아래 있습니다. 냉전의 전장이었던 한반도는 아직도 전쟁을 끝내지 못하고 전쟁 위협에 시달리고 있습니다. 1990년대 초 전세계에서 냉전이 종식되었지만 한반도는 냉전의 마지막 섬으로 남아 있습니다. 냉전의 한 축이었던 소련과 중국은 한국과 국교 정상화를 통해 화해의 시대를 열었지만, 미국과 일본은 북한과 관계를 정상화하지 못했습니다.

소련과 동유럽 사회주의가 붕괴되고 한반도에서 한미동맹이 힘의 위에서 섰을 때 미국이 북한과 국교를 수립했다면 한반도에도 평화가 찾아오지 않았을까 아쉬워하는 것은 저뿐만이 아닐 것입니다. 이제 북한은 핵으로 무장하였고 한반도에서 평화를 정착하는 일은 더욱 어려운 과제가 되었습니다.

하지만 한반도 평화는 우리에게, 동북아에서, 그리고 전세계의 평화를 위해 반드시 달성해야 할 우리 모두의 과업입니다. 나는 바이든 대통령이 이 역사적 과업에 함께하길 기대합니다.

## 한반도 비핵화는
## 왜 실패했습니까?

이제 지난 30년의 한반도 비핵화 노력이 왜 실패했는지 냉정하게 평가해야 합니다. 한반도 비핵화 노력이 실패한 원인이 북한에게 귀속된다는 것은 자명한 일입니다. 다만, 핵무장을 위한 북한의 도전에 대한 우리의 대응이 왜 실패했는지 우리는 냉정하게 돌아봐야 합니다.

나는 지난 30년간 북한이 스스로의 생존을 위해 미국과의 관계 정상화와 핵무장을 저울질했다고 생각합니다. 관련해서 수많은 대화와 합의서가 체결됐고 그곳에는 늘 한반도 비핵화와 북미관계

정상화가 병기되어왔습니다. 안타깝게도 미국은 북한을 불신했고 북한과의 국교정상화에 미온적으로 대처해 왔습니다. 결국 우리는 이제 핵으로 무장한 북한과 대면하고 있습니다.

분명한 것은, 북한이 핵무장을 추구한 과거에도, 그리고 핵무장을 완성한 현재에도 그들이 요구하는 것은 안전보장이란 점입니다. 한미동맹은 한반도 문제의 평화적 해결과 북한에 대한 불가침, 즉 안전보장을 여러 차례 약속해 왔습니다. 우리가 북한의 핵무장을 용인할 수 없다면 해답은 미국이 북한과의 관계정상화를 통해 그들의 안전을 보장해주는 방법만이 남아 있습니다.

미국의 행정부와 의회가 북한과의 대화를 신뢰하지 않는 점을 이해합니다. 그러나 북핵 문제는 북한 문제가 아니라 한국과 동북아, 그리고 세계평화에 관한 문제입니다. 나는 미국이 한반도 비핵화에 실패한 원인을 냉정하게 재평가하길 기대합니다.

## 대북제재는 한반도 비핵화의 도구이지 목적이 아닙니다

2016년 북한이 두 차례 핵실험을 단행한 이후 국제사회는 강력한 대북제재를 통해 북한이 굴복하길 기대해 왔습니다. 하지만 북한은 국제사회의 강력한 제재에 스스로를 봉쇄하며 저항하고 있습니다. 국제사회의 대북제재가 거의 완벽하게 이행된 상황이 코로나19 팬데믹으로 지난 3년간 현실화 되었지만 김정은 체제는 여전히 견고해 보입니다.

나는 대북제재를 통한 한반도 비핵화는 달성하기 어려울 뿐만 아니라, 올바르지도 않다고 생각합니다. 먼저, 북한은 한국전쟁 이후 지속된 미국의 경제제재를 오랜 시간 견뎌왔다는 점에서 그 효과가 과거 제재에 굴복한 여타의 나라들과 달리 제한적입니다. 또한 북한은 미국이라는 '적'을 통해 정치체제를 강화해 왔습니다. 북한에서 외부로부터의 위기는 김정은 체제를 유지하는 프로파간다(propaganda)로 작동하고 있습니다.

결과적으로, 국제사회의 대북제재는 김정은 체제가 사회를 더욱 억압적으로 통제하고 주민들을 반미의 구호 아래 동원하는 명분이 되고 있습니다. 한국전쟁을 미국의 침략전쟁으로 알고 있는 북한 주민들은 북한 당국의 역사 왜곡에 포섭되어 있습니다. 지금의 대북제재로 고통받는 것은 김정은 체제가 아니라 북한 주민들입니다. 대북제재는 한반도 비핵화를 위한 도구이지 북한을 고사(枯死)시키기 위한 도구가 되어서는 안 됩니다.

**한반도 평화를 위한
미국의 책임 있는 행동을 기대합니다**

이제 한국뿐만 아니라 미국도 북한의 핵 위협으로부터 안전하지 않음을 인정할 수밖에 없습니다. 북한이 대북제재에 굴복할 때까지 기다리자는 전략은 한반도 문제 해결을 더욱 어렵게 만들고 있습니다. 나는 과거 오바마 정부가 취한 "전략적 인내"는 정말 뼈 아픈 실책이라 생각합니다. 미국이 이해할 수 없는 "인내"의 시간을 보내는 동안 북한은 핵무장에 성공했고 미사일 사정거리를 늘려가고 있습니다.

나는 미국이 한반도 평화를 위해 적극적으로 나서길 요청합니다. 첫 번째로, 미국이 한반도 평화를 위해 중국과 협력하길 기대합니다. 한국은 미국이 주창하는 민주주의의 가치를 지키기 위해 오랜 시간 싸워왔습니다. 그러나 한반도가 미중전략경쟁의 전장이 되어서는 안 됩니다. 한반도에서만큼은 미국과 중국 모두 평화를 위해 손잡고 협력해야 합니다.

두 번째로, 북미관계 정상화 없이 한반도에서 냉전의 어두운 그림자를 지울 수 없습니다. 나는 미국이 북미관계 정상화를 위한 구체적인 행동을 북한에 제시하길 기대합니다. 이는 단순히 북한과 미국의 관계를 정상화하는 것을 넘어 한반도에서 평화를 정착시키기 위해 반드시 해결해야 할 과제입니다. 또한, 나는 미국이 미중전략경쟁의 관점에서도 북한의 가치를 새롭게 평가할 필요가 있다고 생각합니다. 북미연락사무소를 워싱턴과 평양에 개설하는 것은 그 시작이 될 것입니다.

세 번째로, 대북제재가 한반도 비핵화에 순기능을 할 수 있도록 유연하게 활용할 필요가 있습니다. 무엇보다도 스냅 백(snap back) 조항을 활용해 북한의 비핵화 조치를 진전시키는 방안을 적극적으로 논의해야 할 것입니다. 또한 대북제재로 인한 북한 주민의 고통을 어떻게 해소할 것인지 진지하게 고민해야 합니다. 관련하여 대북 인도적 지원에 대한 UN대북제재위원회의 신고 절차를 완화하거나 몇몇 인도적 지원단체에 이 업무를 일임할 수 있을 것입니다.

한반도 평화는 한반도에서 살아가는 남북 주민의 생명에 관한 문제입니다. 나는 우리가 꿈꾸는 한반도의 평화가 다르지 않으리라 믿습니다. 한반도 평화를 위한 당신의 냉정하고 용기 있는 결단을 기대하겠습니다.

# V

# 새로운 남북관계를
## 설계하자

# Dorasan 都羅山

평양
Pyeongyang 平壤
205Km

서울
Seoul 首尔
56Km

# 21

## 정부의 남북관계 '독점'은 정당한가?

대한민국 헌법은 입법, 사법, 행정의 3권분립을 명문화하고 있다. 그러나 3권분립이 무색하게 행정부의 권한이 절대적인 영역이 있으니 바로 남북관계 분야다. 1972년 〈7.4남북공동성명〉이 체결된 이래로, 아니 한반도가 분단된 이래로 남북관계는 정부의 독점적 영역이 되었다.

물론 국회와 시민사회의 남북대화가 없었던 것은 아니다. 하지만 이런 대화 또한 매우 제한적으로, 정부의 통제하에 진행된 것이 사실이다. 이 글에서는 정부의 남북관계 독점을 되돌아보고 국회의 역할을 새롭게 제시해 보겠다.

### 누가 북한을
### 상대할 것인가?

2005년 12월 「남북관계 발전에 관한 법률」(이하 「남북관계발전법」)이 제정되기 전까지, 대북 협상은 정부의 독점적 권한이었다. 이 법률이 제정되기 전까지 남북대화는 대통령의 '통치행위'로 여겨졌으며 정상회담

등 주요 회담과 남북합의서는 비밀리에 남북 당국 간의 협상으로 작성되었다. 대부분의 남북 합의는 합의서가 공식적으로 발표된 이후에야 그 내용을 확인할 수 있었다.

그렇다면 「남북관계발전법」이 제정된 이후에는 어떻게 변했을까? 결과적으로 변한 것은 없다. 이 법률 제21조는 대통령이 "남북합의서를 체결·비준하며, 통일부장관은 이와 관련된 대통령의 업무를 보좌"한다 명시하고, "통일부장관은 북한과의 교섭, 또는 회담 참석, 남북합의서의 서명, 또는 가서명에 있어 남북회담 대표가 된다"(제15조)고 규정하였다.

다만, 대통령이 '대북특사'를 지명하고 "남북합의서에 서명 또는 가서명하는 권한"을 부여하고 있으며, 통일부장관이 "관계기관의 장과 협의한 후 제청하고 국무총리를 거쳐 대통령"이 별도의 '남북회담대표'를 지명할 수 있도록 하였다. 하지만 지금까지 대북특사나 (통일부장관이 아닌) 남북회담대표 또한 정부 인사가 그 역할을 담당해 온 것이 사실이다.

결국 남북협상과 그 결과로 체결된 남북합의서는 "정부와 북한 당국 간에 문서의 형식으로 체결된 합의"로 규정됨으로써 남북관계에서 정부의 배타적인 권한이 강화되었다. 「남북관계발전법」에 의하지 않고 "누구든지 정부를 대표"하여 "북한과 교섭 또는 회담"을 하거나 "남북합의서에 서명 또는 가서명"하는 행위는 엄격히 금지(제17조)된다.

2009년 8월, 얼어붙어 있던 한반도 정세 속에 현정은 당시 현대그룹 회장이 김정일 국방위원장과 금강산관광 재개 등 남북교류협력사업 전반을 복원시키는 5개 항에 합의했다. 그러나 우리 정부가 이를 정상적인 남북 합의로 인정하지 않은 것은, 정부의 배타적인 대북 협상 권한을 침해했다고 판단했기 때문이다.

## 남북관계에서
## 국회는 왜 무력한가?

현행 법제도에서 국회가 남북관계에 참여할 방법은 두 가지이다. 하나는 직접 남북대화를 추진하는 것이고, 다른 하나는 현행 법률에 규정된 국회의 권한을 행사하는 것이다.

첫 번째로, 우리 국회는 1985년부터 남북 국회회담을 개최하기 위한 2차례의 '예비접촉'과 10차례의 '준비접촉' 등 총 12차례의 예비회담을 진행하였다. 정식 회담을 준비하기 위해 실무 대화만 12차례 진행한 것이다. 결국 남북 국회회담은 1990년 2월 제10차 준비접촉을 마지막으로 더 이상 개최되지 못했다. 너무 뜸을 들이다보니 제대로 된 정식 회담 한 번 개최하지 못한 것이다. 이후로 수많은 국회의장이 남북 국회회담을 북한에 제안했지만, 구호에 그치고 말았다.

두 번째로, 앞서 언급한 「남북관계발전법」에 규정된 국회의 권한을 행사하는 방법이 있다. 「남북관계발전법」은 5년마다 수립되는 '남북관계발전 기본계획'과 매년 수립되는 '시행계획'을 국회에 보고하도록 규정(제14조)하고 있다. 또한 "국가나 국민에게 중대한 재정적 부담을 지우는 남북합의서 또는 입법사항에 관한 남북합의서의 체결·비준"에 대해 국회의 동의권(제21조)을 부여하고 있으며 "국회의 체결·비준 동의를 얻은 남북합의서"에 대하여 대통령이 "그 효력을 정지시키고자 하는 때"에는 국회의 동의를 다시 얻도록 하였다.(제23조)

먼저, 남북관계발전 기본계획과 시행계획의 국회 보고는 말 그대로 '보고사항'으로 그 내용의 수정이나 추가를 강제할 수 없다. 이렇다 보니 연차별 시행계획이 국회에 보고조차 되지 않는 등 국회의 권한이라 하기 어렵다. 중요한 것은 남북합의서에 대한 국회의 동의 권한, 그리고 그 효력을 정지시키고자 할 경우에 부여된 국회의 재동의권이다. 지금까지 국회는 남북경협 관련 4대 합의서 등 국회에 제출된 총 13건의 남북합의서에 동의한 바 있다.

그러나 2010년 당시 이명박 정부의 5.24조치로 국회가 동의한 대부분의 남북합의서가 정지된 상황에서, 국회는 「남북관계발전법」 제23조가 규정한 국회의 재동의권을 제대로 행사하지 못했다. 해당 조항의 불명확성이 문제가 될 수는 있으나, 그 입법 취지를 볼 때 국회가 정부의 남북합의서에 대한 효력 정지 행위에 적극적으로 대처하지 못한 것은 이해하기 어려운 '권한 포기'라 할 수 있다.

## 국회는 스스로
## 자신의 역할을 찾아야

남북은 한반도 분단체제 하에서 대결하고 있다. 한반도의 특수한 상황으로 인해 정부가 남북관계와 대화에 일정한 권한을 갖는 것은 불가피할 것이다. 하지만 지금과 같이 정부가 대북협상을 독점하는 것은 남북관계의 발전에도 바람직하지 못하다. 현재와 같이 남북 당국의 대화가 중단되고 신뢰가 훼손된 상황에서 남북관계를 재개하기 위해서는 다양한 행위자가 북한과 대화할 수 있어야 한다.

국회는 국민을 대변하는 헌법기관으로 헌법이 부여한 통일의 의무를 정부와 공유해야 한다. 남북관계에서 국회가 스스로의 권한과 역할을 포기한다면 그것은 헌법의 의무를 포기하는 것과 다름이 없다. 국회는 입법부로서 그 권한을 통해 남북관계에 적극적으로 참여해야 한다.

또한, 남북관계에서 야당의 역할과 책임이 강조될 필요가 있다. 야당의 목소리가 반영되지 않은 대북정책과 남북 합의는 시한부일 수밖에 없다. 우리는 정권 교체로 인해 남북관계가 훼손되고 중단되는 모습을 수없이 목격해 왔다. 권영세 통일부 장관은 "대북정책은 이어달리기가 돼야 한다"고 지적한 바 있다.

위기는 곧 기회라는 말이 있다. 남북관계가 암울한 상황에서 우리 정부와 국회가 안정적인 남북관계 발전의 얼개를 함께 모색하길 기대해 본다.

# 22

# 남북합의서, 그 참을 수 없는 나약함에 대하여

2020년대 들어서며, 한반도 정세는 말 그대로 암울하다. 대화는 단절되었고 북한은 핵무장을 통해 안전을 보장하겠다는 의지를 드러내고 있다. 윤석열 정부 출범 이후 한반도 긴장은 더욱 고조되고 있다. 2018년의 희망과 남북의 약속은 사문화된지 오래다.

남북관계의 불안정은 왜 지속되는가? 이것은 내가 가장 오랫동안 제기해온 연구 질문 중 하나이다. 나의 대답은 "서로 약속을 지키지 않아서"이다. 이 글에서는 남북 간의 약속이라 할 수 있는 남북합의서가 왜 지켜지지 않는지 그 원인을 찾고 나름의 대안을 제시해 보겠다.

### 정권교체는 남북관계의
### 리셋(reset)을 의미한다?

2007년 2차 남북정상회담은 10.4 선언을 탄생시켰고 남북경협과 사회문화 교류 등 전방위적인 남북 교류협력이 현실화되는 듯 보였다. 그러나 2008년 정권교체와 함께 등장한 이명박 정부는 김대중 정부와 노무현 정부가 북한과 체결한 남북합의서를 무력화시켰다. 국내법적으로도 그 효력이 불명확한 남북합의서는 서로 다른 대북정책을 표방한 신정부의 등장으로 이전의 합의가 제대로 이행되지 못하는 결과를 가져왔다.

북한의 무력도발은 분명 남북의 약속을 깨는 위반행위이다. 남북 합의가 이행되지 못한 책임에서 북한은 분명 자유롭지 못하다. 그렇다면 한국 정부는 이러한 책임에서 자유로운가? 그렇지 않다. 한국 정부 또한 스스로 남북 합의를 부정하는 모습을 여러 차례 보여왔다.

특히 한국에서 정권교체는 이전 정부가 추진한 대북정책, 그리고 남북 합의를 무력화하는 남북관계의 리셋(reset)을 의미했다. 정권교체로 새롭게 등장한 정부가 남북 합의를 부정한다고? 어떻게, 그리고 왜 그것이 가능한 것일까?

## 남북합의서는
## 왜 무기력한가?

지금까지 남북관계를 발전시키기 위한 수많은 노력은 왜 실패했나? 결론적으로 서로의 약속이 지켜지지 않았기 때문이다. 남북 간의 약속은 남북합의서 형태로 만들어진다. 2006년 제정된 「남북관계 발전에 관한 법률」에서 '남북합의서'는 "정부와 북한 당국 간에 문서의 형식으로 체결된 모든 합의"로 정의된다. 지금까지 남북은 667차례의 남북회담을 통해 258개의 남북합의서를 체결하였다.

이렇게 오랜 시간과 노력의 결실로 만들어진 남북 합의는 지금 어떤 모습인가? 남북합의서는 동북아 정세의 위기, 남북관계의 악화, 그리고 정권교체로 무력화돼 왔다. 단지 그뿐인가? 아무리 주변 환경이 어렵다고 하더라도 이렇게 모든 합의가 무기력하게 사문화될 수 있는 것인가?

남북합의서가 지켜지지 않는 이유 중 하나는 남북합의서가 어떤 법적 효력을 가지느냐의 문제와 맞닿아 있다. 학술적인 논의와는 별개로 남북합의서는 국가 간 체결된 조약과 같은 법적 효력을 갖지 못한 채 선의에 의한 약속, 즉 신사협정으로 취급돼 왔다. 남북합의서를 규정한 「남북관계 발전에 관한 법률」 또한 그 어디에도 남북합의서가 어떤 법적 효력을 갖는지, 어떤 권한을 갖는지 규정하고 있지 않다.

## 남북합의서에
## 더 무거운 책임을 묻자

한반도는 여전히 전쟁이 중단된 상태, 즉 정전상태이다. 한반도 정전 체제 하에서 남북의 대결은 국지적인 물리적 충돌로 비화될 수 있다. 남북관계를 안정적으로 관리하는 것이 그만큼 어렵다는 것이다. 우리는 남북합의서에 더 무거운 책임을 지워야 한다. 그렇다면 남북의 약속, 남북합의서가 주변 정세의 악화와 상호 신뢰의 훼손, 정권교체와 같은 변화로부터 안전하게 이행되기 위해서 어떤 노력이 필요할까?

첫 번째 방안은, 핵심적인 남북 합의를 조약으로 체결하는 것이다. 남북합의서를 조약의 형태로 체결하거나, 모든 남북합의서가 조약에 준하여 법적 효력을 갖도록 법제를 개편하는 것이다. 독일 통일 과정에서 서독이 동독과의 합의를 조약(동서독 기본조약)으로 체결하거나 외국과의 조약과 동서독 합의서에 같은 법적 효력을 부여했던 경험을 참고할 필요가 있다.

두 번째로, 국내 법률로서 남북합의서의 법적 효력을 명문화하는 방법이 있다. 현행 「남북관계 발전에 관한 법률」에서 남북합의서의 법적 효력을 명확히 규정하고 주무 부처에 이행 권한을 부여하는 방법이다. 이와는 별도로 남북이 합의한 주요 협력사업을 남북이 각각의 국내법률로 제정하는 방법도 가능하다. 겨레말큰사전 편찬사업이 「겨레말큰사전 남북 공동편찬사업회법」 제정으로 그 명맥을 유지하고 있다는 점에서 법제화는 남북 합의를 최소한으로 이행하기 위한 현실적인 대안이다.

세 번째로, 남북합의서의 체결과 이행, 정지와 재협상, 그리고 재개의 프로세스를 관리한 장치를 마련할 필요가 있다. 특히 남북합의서가 정지 내지, 무력화된 상황에서 남북합의서의 이행을 재개하기 위한 프로세스가 마련돼야 한다. 현재와 같이 남북 합의가 이행되지 않는 상황은 이를 재개하기 위한 규정과 매뉴얼이 마련되어 있지 않은 문제와도 연관되어 있다.

추가적으로, 정부가 독점하고 있는 남북협상 과정에 국회와 정당의 역할이 확대돼야 한다. 무엇보다도 협상 과정에서 야당의 의견을 최소한으로 반영할 필요가 있다. 정부의 독점적 대북 협상은 야당의 참여를 제한함으로써 정권교체와 함께 이전 정부의 남북 합의가 무력화되어왔기 때문이다.


## 남북관계 정상화를 위한
## 윤석열 정부의 첫걸음

윤석열 정부는 대북·통일정책의 핵심 추진과제로 남북관계 정상화를 제시한 바 있다. "대화를 통해 긴장을 완화하고 상호주의와 실사구시적으로 공동 이익 실현"하고 "분야별 남북 경제협력 로드맵을 제시하여 북한 비핵화를 견인"하며 "남북 간 상호 개방과 소통·교류 기재를 활성화하여, 북한의 점진적 변화를 유도"하겠다는 것이다. 과거 이명박 정부와 같이 선비핵화 논리에 갇히기보다는 비핵화와 남북관계 정상화를 함께 추진하겠다는 의지로 읽힌다.

제안컨대 윤석열 정부가 기존의 남북합의서를 존중하고 이행함으로써 남북 간 신뢰를 회복하고 남북합의서가 좀 더 무거운 책임을 질 수 있도록 국회와 함께 남북합의서의 제도화에 적극 나서길 기대한다.

# 23

# 남북관계는 통일을 지향하는 '특수 관계'다

최근까지 이어지고 있는 남북관계의 단절은 일정부분 국제정치의 일반성에 남북관계가 종속된 결과이다. 그러나 남북관계는 분명 국제정치의 일반성으로 규정할 수 없는 특수한 성격을 가진다.

하지만 현재 남북관계는 특수하지 않다. 남북관계는 국제관계에 종속되어 버렸다. 국제관계의 일반성에 종속된 남북관계, 무엇이 문제이고 어떻게 해결해야 할까?

## 남북관계는
## 특수하다

남과 북은 "쌍방 사이의 관계가 나라와 나라 사이의 관계가 아닌 통일을 지향하는 과정에서 잠정적으로 형성되는 특수 관계라는 것을 인정"하였다. 1991년 12월 13일 체결된 〈남북 사이의 화해와 불가침 및 교류·협력에 관한 합의서〉, 즉 '남북기본합의서'에서 남북이 합의하고 이후 남북관계 전반을 규정하는 언명으로 정립된 규정이다.

남북관계의 특수성을 규정한 남북기본합의서의 내용은 30년 넘게 남북관계를 정의해 왔으며 남북관계에 관련한 국내 법률에서도 이 합의 내용을 차용하고 있다. 우리 법체계에서 남북관계를 규정한 근거법이라 할 수 있는 「남북관계 발전에 관한 법률」은 제3조(남한과 북한의 관계)에서 "남한과 북한의 관계는 국가 간의 관계가 아닌 통일을 지향하는 과정에서 잠정적으로 형성되는 특수 관계"임을 명시하고 "남한과 북한 간의 거래는 국가 간의 거래가 아닌 민족 내부의 거래"라고 규정하였다.

남과 북은 나라와 나라, 즉 국가 간의 관계가 아니며, 통일을 지향하는 특수 관계이므로 다양한 영역, 예를 들어 남북경협에서 국가 간 거래와 같이 관세를 부과하지 않으며 '민족 내부의 거래'로서 특별한 혜택을 부여하게 된다. 우리 국민이 북한을 방문할 때 비자를 발급받거나 여권을 제시하지 않고 통일부가 발급하는 '방문증'을 이용하는 것 또한 남북관계의 특수성에 기인한다.

### 국제관계에 종속되어 버린 남북관계의 특수성

그렇다면 현재 남북관계는 특수한가? 이제는 그렇다고 말하기 어렵다. 2016년과 2017년 북한이 연달아 핵실험과 대륙간탄도미사일을 발사하였고 이에 대응해 UN안보리가 이전에 없던 강력한 대북 제재를 채택하면서 국제관계, 즉 대북제재라는 국제레짐이 남북관계의 특수성을 무력화시켰다.

국제사회의 대북 제재는 기본적으로 물자와 사람, 그리고 돈의 대북 유입과 유출을 강력하게 통제하는 조치로, 기존의 대북 투자나 금융거래,

북한 주민의 해외 취업이 엄격히 차단된다. 남북관계 또한 개성공단이 2016년 2월 폐쇄된 이후 국제사회의 제재레짐을 벗어난 더 이상의 '특수한' 관계를 찾기 어려워졌다.

2018년 남북은 〈판문점선언〉과 〈9월 평양공동선언〉을 통해 남북관계의 특수성을 되찾으려 노력했다. 〈판문점선언〉에서 남북은 "남북관계의 전면적이며 획기적인 개선과 발전"을 위해 "이미 채택된 남북 선언들과 모든 합의들을 철저히 이행"하고 "각계각층의 다방면적인 협력과 교류, 왕래와 접촉을 활성화"하는데 합의했다. 〈9월 평양공동선언〉에서는 "조건이 마련되는 데 따라 개성공단과 금강산관광 사업을 우선 정상화하고, 서해경제공동특구 및 동해관광공동특구를 조성하는 문제를 협의"해 나가기로 하였다.

그러나 이와 같은 합의는 국제사회의 대북 제재레짐으로 좌절되었다. 아니 우리 정부는 대북 제재레짐을 벗어나 남북관계의 특수성을 관철하지 못했다. 결국 2018년에 잠시나마 열렸던 기회의 창은 닫혀버렸다. 아마도 북한이 비핵화 프로세스를 완성단계까지 수용하지 않는 한, 남북관계의 특수성을 회복하기는 어려울 것이다.

## 남북관계의 특수성을 활용하자

이제 우리 스스로에게 다시 질문해야 한다. 남북관계는 특수한가? 아니 좀 더 원론적으로 남북관계의 특수성이란 무엇인가?

남북은 한반도 분단체제 하에서 군사적으로 대치하고 있다. 우리는 여전히 전쟁을 종결하지 못한 상태로 대결하고 있다. 그러나 남북은 교류협력을 통해 공존하고 종국적으로 통일을 위해 노력한다. 남북관계의 특수성은 우리 스스로의 생존과 맞닿아 있다. 분단체제에서 발생할 수 있는 무력 충돌을 방지하고 영구적인 평화체제를 구축하기 위해 노력해야 한다. 결국 남북관계가 특수한 것은 한반도 문제의 당사자가 우리 스스로이기 때문이며 그래서 더 절실한 명제이다.

과거 동독과 서독은 동서독 관계의 특수성을 미국과 소련, 그리고 주변 국가들로부터 인정받기 위해 부단히 노력했으며 그러한 특수성을 하나의 규범으로 정착시켰다. 분명 북한의 핵 개발은 저지되어야 하며 국제사회는 이 문제에 함께 노력해야 한다. 그러나 국제사회의 노력과 함께 남북관계의 특수성 또한 이 문제를 푸는데 중요한 열쇠다. 남북관계의 안정은 한반도에서 대화를 진전시키고 제기되는 문제를 해결하는 핵심적인 준거가 되어왔다.

남북은 2018년 〈9월 평양공동선언〉을 통해 기존의 교류협력사업을 재개하기 위해 노력하는데 합의한 바 있다. 이는 남북관계의 특수성으로 국제사회의 합의를 무력화하는 것이 아니라, 한반도 문제를 해결하기 위한 또 하나의 장치이다. 특히 남북경협은 남북의 특수성, 즉 국가 간의 거래가 아닌 '민족 내부의 거래'라는 관점에서 국제사회를 설득하고 이를 주도적으로 이행하기 위해 노력해야 한다.

우리는 한반도의 위기 상황에서 남과 북이 통일을 지향하는 특수 관계가 아닌, '국가 대 국가'의 관계로 분단을 수용하는 것이 우리가 원하는 한반도의 미래인지 다시 한번 숙고해야 한다. 한반도 평화와 통일은 누구도 대신해 줄 수 없는 우리 자신의 문제이고 우리 스스로 달성해야 할 민족의 과업이기 때문이다. 관련하여 남북관계에 대한 새로운 해석과 적용을 시도한 박명규 교수님의 『남북 경계선의 사회학』(2012)을 추천한다.

# 24

## 팩스는 이제 그만, 한반도 디지털 플랫폼을 구축하자

전 세계가 코로나19 팬데믹의 후유증으로 답답한 터널을 탈출하지 못하고 있다. 그런데 쭉쭉 뚫리는 곳이 있다. 바로 디지털 세상이다. 코로나19 팬데믹은 아마도 좀 더 먼 미래의 일이라 생각했던 비대면 네트워크 세상을 앞당겼다.

그렇다, 위기는 기회다. 코로나 바이러스는 그들의 생존을 위해 전 세계로 퍼져나갔지만, 인간은 그에 대응해 새로운 디지털 세상을 열었다. 남북관계도 꽉 막힌 아날로그 시대를 정리하고 디지털이라는 새로운 공간을 만들어야 한다.

### 남북관계 =
### 대면+팩스+유선전화?

4차산업을 선도하는 대한민국, 전 연령에서 비대면 수업이 가능한 몇 안 되는 나라가 우리나라다. 하지만 남북관계는 정말 '올드'하기 그지없다. 1972년 〈7.4남북공동성명〉을 체결할 당시와 지금 남북관계의 소통

방식은 달라진 점이 거의 없다. 남북관계는 여전히 대면으로 만나고, 팩스로 문서를 전달하며, 유선전화로 연락한다.

우선 남북대화는 대면 방식으로 진행된다. 1971년 이후 남북회담은 공식적으로 667회 개최되었고 이 외에도 수많은 실무회의가 북한과 중국 등지에서 개최되었다. 단 한 차례도 대면회담의 틀을 벗어난 적이 없다. 이 얼마나 비효율적인 방식인가?

두 번째로, 남북은 공식 문서를 팩스로 전달한다. 북측의 초청장을 받거나 긴급한 협의 사항을 전달할 때도 팩스를 이용한다. 물론, 인편으로 원본을 직접 전달하는 것을 더 안전하다고 생각한다. 아날로그 양식의 전형이 그대로 유지되고 있다.

세 번째로, 유선전화는 중요한 남북 연락선이다. 통신선으로 연결된 공식적인 대화 채널은 우리의 소통 방법이 1970년대에 머물러 있음을 증언한다. 세상은 또 다른 세상을 열어가지만 '공식적인'이라는 형식과 틀에 갇혀버린 결과다.

혹자는 우리는 준비되어 있지만, 북한이 기술적으로 낙후되어 있지 않냐고 질문할 수 있다. 그렇다면 북한은 4차산업 시대를 어떻게 준비하고 있을까?


## 북한의 야심찬 도전
## '새 세기 산업혁명'

김정은 시대의 북한은 '북한식 4차 산업혁명'이라 할 수 있는 '새 세기 산업혁명'을 강조하고 있다. 북한이 강조하는 새 세기 산업혁명은 "인민 경제 모든 부문에서 과학기술과 생산, 지식과 경제의 일체화를 높은 수준에서 실현하여 경제를 지식의 힘으로 운영되고 발전하는 지식산업"으로 정의된다.

북한은 특히 ICT 기술에 기초한 첨단기술산업을 통해 '경제강국'을 건설하자는 구호를 내세우고 있다. 국제사회의 대북제재가 지속되는 상황에서 소위 '단번도약'을 통해 '경제강국'을 건설하겠다는 것이다. 이러한 첨단기술산업의 강조는 과학기술 인력 양성, 산업의 전 분야에서 CNC화 강조, AI, AR, 인공지능 기술의 개발로 이어진다. 만성적인 경제위기 상황에서 북한은 하드웨어가 아닌 소프트웨어 개발에 집중한 것이다.

마지막으로, 북한의 이동통신 가입자 수가 600만 명에 다다른 것으로 알려져 있다. 특히 '지능형 손전화기'(스마트폰)는 없어서는 안 될 필수품이 된 지 오래다. 북한 당국은 "손전화기를 단순한 통신수단으로부터" "인터네트, 금융, 결제 등 정보기술기재로 전환"시키기 위해 노력하고 있다. 어쩌면 디지털 플랫폼을 활용한 남북관계 전환에 북한이 더 적극적일 수 있다.

## 한반도에 디지털 플랫폼을 구축하자

우선 기술적 한계는 다음 문제로 하고 상상력을 발휘해보자. 한반도 디지털 플랫폼은 기존의 아날로그 소통방식을 디지털 공간에서 해결하자는, 아니 그 이상의 혁신적인 아이디어를 적용해 새로운 남북관계를 만들어 낼 수 있다.

먼저, 남북대화는 화상대화로 대체된다. 남북 당국뿐만 아니라 교류협력을 추진하는 지자체, 기업, 시민사회, 사회문화, 예술, 스포츠 분야의 다양한 주체들이 소통할 수 있다. 남북은 이미 노무현 정부 당시 이산가족 화상상봉을 성공적으로 진행한 바 있다. 통일부는 이미 남북화상회담 시스템을 남북회담본부에 설치하고 북한이 호응하기만을 기다리고 있다.

두 번째로, 한반도 디지털 플랫폼은 남북의 다양한 행위자들이 교류협력과 경제협력에 관한 의사를 타진하고 계약(합의서)을 체결하며 결제할 수 있는 공간이다. 각종 문서는 전자결제로 진행되고 계약(합의서) 체결 과정에 관한 자문과 법률 서비스를 받을 수도 있다.

세 번째로, 디지털 플랫폼은 딱딱한 회의와 계약의 공간을 넘어 사회문화교류의 장이 될 수 있다. 우리는 이곳에서 남과 북, 혹은 해외 아티스트와 함께 연주회를 개최하고 전시회를 관람할 수 있다. 한 걸음 더 나아가 한반도 메타버스(metaverse)가 열리는 것이다.

지금의 엄혹한 한반도 정세에서 꿈만 같은, '허황된' 얘기라 비판할 수 있다. 그러나 남북관계는 타이밍이다. 남북관계의 얼음이 녹을 때 기회를 놓치면 안 된다. 그러려면 먼저 준비해야 한다.


## 남북관계는 타이밍, 먼저 준비해야 한다

한반도 디지털 플랫폼을 구축하는데 적지 않은 문제들이 대두될 것이다. 국제사회의 대북 제재와 법률적 장치의 부족, 무엇보다 기술적 문제들에 대한 준비가 필요하다. 그렇다면 언제 준비할 것인가? 지금 준비해야 한다.

관련하여 통일부는 제한적이나마 남한만의 남북교류협력시스템, 대북지원정보시스템 등을 운영하고 있다. 또한 DMZ(비무장지대)를 테마로 메타버스 플랫폼(DMZ Universe)을 구축해 서비스를 진행하고 있다. 이제 남북이 함께, 그리고 해외동포와 세계인이 함께 할 수 있는 한반도 디지털 플랫폼을 구축하면 된다.

돌아보면 2018년은 남북관계를 복원하기 위한 절호의 기회였다. 판문점선언과 싱가포르 북미정상회담, 9월 평양공동선언까지, 정말 정신없이 굵직한 회담과 합의들이 이루어졌다. 그러나 거기까지였다. 많은 것들을 합의했지만, 준비된 것은 많지 않았다. 뼈아픈 실기였지만 그 교훈을 잊지 말아야 한다.

한반도 평화의 창이 열렸을 때, 우리는 즉각 구체적인 행동에 돌입해야 한다. 평화의 창은 우리를 기다려주지 않는다.

# 25

# 남북관계, 사회문화 교류가 중심이 돼야 한다

2019년 2월 하노이 북미정상회담이 결렬된 이후 한반도에서 대화가 실종됐다. 판문점에서 트럼프 대통령과 김정은 위원장, 문재인 대통령이 만나는 깜짝 이벤트가 있었지만, 그뿐이었다. 그렇게 남북관계가 단절된 지도 4년이란 시간이 흘렀다.

현재의 시점에서 돌아보면, 남북의 정치회담이나 경제협력과 함께, 아니 그보다 사회문화교류가 더 안정적으로, 가장 중요하게 다루어졌어야 하지 않았나? 하는 반성을 하게 된다. 이 글에서는 기존 남북관계에서 소외되고 왜곡됐던 사회문화교류를 되돌아보고 새로운 관점에서 사회문화교류를 준비할 것을 제안한다.

## 맞춰지지 않는
## 사회문화교류의 모자이크

1970년대부터 시작된 남북대화는 1990년대까지 주로 정치문제로 다루어졌고 그 과정도 비밀스러웠다. 2000년 6월 역사적인 남북정상회담이 개최되면서 남북관계에서 경제협력이 핵심적인 과제로 추진되었으나 이 또한 안보 문제로 중단되고 만다. 그렇다면 사회문화교류는 어떠했나?

첫 번째로, 남북 사회문화교류의 현황을 보면, 1971년 이후 진행된 667회의 남북회담 중 사회문화 분야의 대화는 총 62회로 정치(261회), 인도(155회), 경제(136회) 분야에 비해 적은 수치를 나타내고 있다. 사회문화교류의 경우 2000년 6.15선언 이후 8.15 광복절과 6.15, 10.4 정상회담을 기념해 남북공동행사의 형태로 진행되거나 개별 사회문화 분야 주체들이 북측 파트너의 초청을 받아 진행한 협력사업들이 많았다.

안타까운 점은 몇몇 사업을 제외하면 한반도의 불안정과 남북 간 정치적 갈등으로 안정적인 사회문화교류가 지속되지 못했다는 것이다. 이런 이유로 사회문화교류의 핵심적인 가치, 즉 교류를 통해 남북 사회의 이질성을 해소하고 한반도 공동체라는 공동의 규범을 만들어 나가는데 어려움을 겪었다.

두 번째로, 남북 사회문화교류는 주로 남한에서 북한을 방문하는 형태가 주를 이루었다. 사회문화교류가 본격화된 1989년 이후 2017년까지 진행된 사회문화교류를 보면, 우리 국민이 북한을 방문해 진행된 사업은 1,718건에 2만 4,909명이 방북하였다. 그러나 북한 주민이 남한을 방문한 경우는 56건에 3,339명으로 전체의 약 3.4%에 머물렀다. 결과적으로, 사회문화교류를 통한 상호 이해와 신뢰 회복의 성과가 우리 사회에 전달되기 어려웠다. 남북의 사회문화교류가 남북 '사회문화단체' 간 교류에 머물렀고, 그마저도 일방향의 교류였다는 것이다.

세 번째로, 사회문화교류는 북한의 '초청장'을 받아 통일부가 승인하는 독특한 형태로 진행된다. 북한의 '초청장'이 없다는 것은 사업의 실패를 의미했다. 이런 '초청장'을 전제로 한 협력사업(방북) 승인제도는 교류협력의 주도권을 북한에 넘겨준 결과를 가져왔다. 유사한 교류협력 사업을 추진하는 우리 단체들이 과도한 내부 경쟁, 즉 '초청장'을 받기 위해 북한에 지급하는 '사업비'를 높여갔다. 2000년대를 중심으로 수요(북측)보다 남측의 공급(사업)이 많다 보니 벌어진 촌극이었다.

어느 순간 남북 간 사회문화교류가 북한의 수익사업이 되어버린 것도 초청장 승인제도의 문제가 만들어낸 나비효과다. 그렇게 남북관계의 전성기라 할 수 있는 2000년대가 지나고 남북관계의 부침이 반복되면서 사회문화 교류는 남북관계를 재개하기 위한 '괜찮은' 이벤트로 변질됐다.

## 그럼에도 불구하고, 사회문화 교류가 중심이 돼야 한다

남북의 사회문화 교류는 중장기적 관점에서 남북의 사회적 이질성을 해소하고 한반도 공동체라는 사회규범을 조심스럽게 만들어가는 과정이다. 하지만 최근 사회문화교류는 하나의 사업, 이벤트로 다루어지는 듯하다. 이제 남북관계에서 사회문화교류의 역할을 재설정하고 이를 이행하기 위한 대안을 찾아야 한다.

첫 번째로, 사회문화교류의 안정적인 발전을 위한 제도화가 필요하다. 최근 한국의 문화예술 단체들을 중심으로 교류협력의 제도화 논의가 진행되고 있는 것은 불안정한 남북관계로부터 안정성을 찾아야 한다는 고민의 결과이다. 가칭 「남북 사회문화교류 진흥법」에는 남북 사회문화교류 기본계획의 수립과 사회문화교류 진흥위원회 설치, 그리고 구체화 된 사회문화교류 사업의 지원방안이 포함돼야 할 것이다.

두 번째로, 남북 사회문화교류를 활동가, 창작자의 관점에서 바라보고 남북의 사회구성원이 교류협력의 성과를 공유할 수 있는 프로세스를 만들어야 한다. 이를 위해 정부와 국회, 사회문화 단체들이 기존의 교류협력에서 나타났던 문제들을 있는 그대로 평가하고 대안을 모색해야 한다.

최근 남북대화가 단절된 상황에서 한국의 창작자들이 저작권 문제 등으로 창작과 공연, 전시 활동에 어려움을 겪는 상황은 분명 개선되어야 한다. 이런 문제는 통일부나 문화관광부가 적극적으로 나서 연구사업을 진행하고 현재 대북 투자를 지원하는 남북교류협력지원협회와 같이 사회문화교류를 지원하고 자문하는 별도의 위원회나 시스템을 구축할 필요가 있다.

마지막으로, 사회문화교류를 위한 새로운 공간을 마련해야 한다. 최근 코로나19 팬데믹으로 물리적 공간을 활용한 남북교류가 불가한 상황에서 비대면 교류를 안정적으로 지원할 수 있는 사회문화 디지털 플랫폼을 구축할 필요가 있다. '남북 사회문화 디지털 플랫폼'은 남북의 교류협력 당사자들이 안정적으로 사업을 논의하는 회의장이자, 남북의 창작자들이 함께 공연하고 전시회를 개최할 뿐만 아니라 남북의 주민들이 함께 참여하는 공간이 될 수 있다.

너무 먼 이야기라고 생각할 수 있다. 그러나 위기를 기회로 만드는 지혜를 모으고 기존의 관행을 과감히 청산하고 남북관계에서 새로운 창조와 혁신을 이루기 위해서는 바로 지금 시작해야 한다.

## 〈겨레말큰사전 편찬사업〉의 성과와 교훈

남북관계는 굳게 닫혀 있지만 유일하게 굳게 닫힌 장벽을 넘어 진행되는 교류협력사업이 있다. 바로 〈겨레말큰사전 편찬사업〉이다. 여기서는 얼어붙은 한반도에서 유일하게 사회문화분야 협력사업의 명맥을 유지하고 있는 겨레말큰사전 편찬사업에 대해 알아보고 그 성과와 교훈을 되짚어 보겠다.

### 겨레말큰사전을 만들자

〈겨레말큰사전〉은 "민족의 언어 유산을 집대성하고 남북의 언어 통일을 준비하기 위해 남과 북이 공동으로 편찬하는 최초의 우리말 사전"이다. 겨레말큰사전 편찬사업은 1989년 故문익환 목사가 평양을 방문해 김일성 주석과 '통일국어사전' 편찬에 합의하며 출발했다.

그 후 15년이 지난 2004년 남북이 〈사전편찬의향서〉를 체결하게 되었고 2005년 2월 금강산에서 〈겨레말큰사전 공동편찬위원회〉를 결성함으로써 본격적인 사업에 착수하게 된다. 우리 국회 또한 2007년 4월「겨레말큰사전 남북공동편찬 사업회법」을 제정함으로써 편찬사업을 제도화하였다.

겨레말큰사전 편찬사업은 남측 편찬위원회와 북측 편찬위원회로 구성된 남북공동 편찬위원회의 심의와 합의로 운영된다. 남북은 각각 편찬위원회 산하에 사전편찬실을 두어 사전의 올림말 선정, 새 어휘 채집·선정, 원고 집필 및 집필 원고 교차 검토, 각종 프로그램 개발 등 실무를 진행하고, 편찬사업에서 제기되는 문제들은 공동편찬위원회 산하에 올림말분과, 집필분과, 새어휘분과, 정보화분과, 종합분과를 두어 해결해 왔다.

## 겨레말큰사전 편찬사업의
## 도전과 교훈

남과 북은 2005년 2월 금강산에서 개최된 제1차 남북공동회의를 시작으로, 2015년 12월 중국 다롄에서 개최된 남북공동회의까지 총 25회의 공동편찬회의를 진행하였다. 현재 겨레말큰사전에 수록될 올림말 총 33만여 개 중, 약 30만 7천여 개(기존어휘 23만+새어휘 7만 7천)의 올림말 선별을 완료했으며, 선별된 올림말은 2009년부터 본격적으로 집필 작업을 시작해 현재까지 남북 집필 원고 12만 5천여 개 단어를 1차 합의한 상태이다. 최근에는 겨레말큰사전 임시제본과 「미리 만나는 겨레말 작은사전」을 만들어 남북공동작업을 준비하고 있다.

겨레말큰사전 편찬사업이 평탄하게 진행된 것은 아니다. 편찬사업은 남북관계가 악화된 시기에 두 차례 휴지기를 가졌다. 첫번째는 2009년부터 약 4년간 공동작업이 중단되었고, 두 번째는

2015년 이후 현재까지 공동회의를 개최하지 못했다. 남북공동작업의 중단은 불가피하게 편찬사업의 지연을 가져왔고 국회는 세 차례 법 개정을 통해 2028년까지 사업 기간을 연장한 상태이다.

겨레말큰사전은 남북의 공동작업과 개별작업이 교차하며 진행된다. 편찬사업이 10여 년간 중단된 상황에서 공동작업이 이뤄지지 못했지만, 남북은 개별작업을 통해 편찬사업을 지켜온 것이다.

남북의 사회문화교류는 교류협력사업 그 이상의 가치를 지닌다. 시간이 지날수록 멀어지고 있는 남북의 사회문화를 잇고 구성원들이 서로의 차이를 인정하고 또 그 기반 아래 새로운 창조를 꿈꾸는 작업이다. 사회문화교류는 과거의 하나로 돌아가는 것이 아니라, 새로운 하나를 창조하는 작업이다. 우리가 남북관계를 다시 정비하는 과정에서 사회문화교류의 중요성을 다시 한번 곱씹을 이유가 여기에 있다.

# VI

# 길 잃은 통일을
# 다시 꿈꾸다

# 26

## 통일에 관심 없는 다음 세대를 욕하지 말라

통일에 대한 우리 사회의 지지는 세대가 지날수록 약해지고 있다. 특히 젊은 층으로 갈수록 통일은 이제 '당위'가 아닌 '선택'의 문제가 되었다. 전쟁의 아픔과 분단의 고통, 이산가족의 그리움이 미래세대에게 전달되지 못하는 것은 어쩌면 당연하다. 문제는 새로운 환경에서 통일을 바라보는 그들에게 우리가 적절한 교육환경을 제공하고 있느냐는 것이다.

이제 우리는 질문해야 한다. 여전히 '우리의 소원은 통일'인가? 만약 그렇다면, 우리는 다음 세대를 위해 무엇을 해야 하나? 이 글에서는 새로운 환경에서 통일을 바라보는 청소년 세대에게 제대로 된 북한, 통일교육이 제공되지 못하는 현실을 지적하고 그 대안을 모색한다.

### 무조건 통일은 NO!
### 통일은 이제 '선택'이다

국립통일교육원이 초(5,6학년)·중·고 청소년 약 6만 5천 명을 대상으로 2022년 11월에 실시한 〈학교통일교육 실태조사〉에 따르면, '통일이 필요하다'는 의견이 57.6%, '필요하지 않다'는 의견이 31.7%, '잘 모르겠다'는 의견이 10.7%로 나타났다. 산술적으로는 여전히 통일의 필요성에 높은 지지를 표하는 것으로 보인다.

그러나 통일이 필요한 이유를 보면 '남북 간 전쟁 위협을 없애기 위해'가 31.7%로 가장 높았고 '같은 민족이기 때문에'가 16.2%로 뒤를 이었다. 긍정적 요인보다는 부정적 요인을 제거하기 위한 선택이 더 높게 나타난 것이다. 그 결과는 평화공존에 대한 지지로 나타났다. 2021년 같은 조사에서 우리 청소년들은 "남북이 평화롭게 지낼 수 있다면 통일하지 않아도 괜찮다"는 주장에 62.9%가 동의했다.(해당 문항은 2022년 조사에서 제외)

전쟁을 경험하지 않은 세대가 늘어가고, 북한의 대량살상무기 개발과 그로 인한 남북 간 대결이 지속되는 상황에서 우리 청소년들은 통일을 당연시하기보다는 선택의 문제로 바라보는 듯하다. 문제는 선택의 문제가 된 통일에 대해 우리는 제대로 된 교육을 제공하고 그들이 올바른 선택을 할 수 있도록 돕고 있느냐는 것이다. 필자는 이 질문에 '아니오'라고 답할 수밖에 없다.

## 우리는 제대로 된
## 북한, 통일교육을 진행하고 있나?

우리 국회는 1999년 「통일교육지원법」을 제정한 이래 "통일교육을 효율적으로 추진"하기 위하여 통일교육기본계획을 수립하고 지역 통일교육센터, 통일교육위원 및 통일교육 전문강사를 양성, 지원해 왔다. 또한 대학의 통일교육 증진을 위해 통일교육선도대학을 선정해 지원하고 매년 5월 통일교육주간을 통해 일선학교와 시민사회의 통일 공론화에 힘써왔다.

다만 이러한 통일교육이 우리 공교육체계에서는 제대로 반영되지 못하고 있다. 우리 초·중·고 교과과정에서 북한 및 통일에 관한 교육은 사회, 역사(세계사), 도덕 과목에 부분적으로 포함되어 있는데, 그 내용은 1~2개 단락(절)에 북한 이해와 남북화해, 그리고 통일 미래에 대한 논의를 간략히 소개하는 정도에 머물러 있다. 특히 북한의 역사와 현재에 대해 배울 수 있는 컨텐츠는 매우 부족한 상황으로 북한에 대한 이해 없이 통일을 이야기하는 한계를 드러내고 있다.

앞서 언급한 〈학교통일교육 실태조사〉에서, 초·중·고 교사들(3,983명)은 '최근 1년간 통일교육을 실시한 시간'이 1~2시간이란 답변이 46.5%로 가장 많았다. 우리가 통일을 강조하는 것에 비해 너무나 적은 교육 시간이 아닐 수 없다. 관련하여 통일교육 활성화를 위한 '교육과정과 교과서 개정'이 필요하다는 의견이 68.9%로 높게 나타났다.

대학 통일교육 또한 일부 대학(숭실대학교)을 제외하면 통일교육이 필수교과로 지정된 경우는 매우 드물다. 북한, 통일관련 강의들도 점차 사라져가고 있는 실정이다. 최근 통일부가 통일교육선도대학(6~8개)을 지정해 대학 통일교육을 지원하고 있으나 그 수는 매우 부족하다.

## 북한·통일분야
## 공교육을 강화하자

우리는 통일에 관심이 없는 미래세대를 나무랄 수 있나? 우리는 그들이 북한을 제대로 배우고, 통일에 대해 고민할 수 있을 만큼의 교육환경을 보장했나? 우리는 '그렇다'고 답할 수 없다. 우리 청소년들은 북한을, 통일을 학교가 아닌 방송과 인터넷을 통해 더 자주 접하고 있다.

다시 질문해 보자. 우리의 소원은 여전히 통일인가? 만약 그렇다면 우리는 미래세대에게 제대로 된 교육환경을 보장해줘야 한다. 우리 아이들이 미국보다, 중국보다, 일본보다 북한을 모르는 상황은 정말 아이러니하다.

무엇보다도 북한, 그리고 통일교육이 공교육에 더 많이 포함되어야 한다. 기존의 사회, 역사, 도덕 교과에서 북한과 통일에 관한 좀 더 체계적인 교육이 진행될 수 있어야 한다. 중장기적으로 북한과 통일을 종합적으로 배울 수 있는 정규교과목이 신설될 필요가 있다.

언제 올지 모를 한반도 통일의 국면에서 지금의 미래세대는 어떤 선택을 할까? 다양한 의견과 갈등이 존재하겠지만 그들이 올바른 선택을 할 수 있도록 우리는 그들에게 제대로 된 교육환경을 보장할 책임이 있다. 우리 정부와 국회, 시민사회가 미래세대의 통일인식을 탓하기에 앞서, 제대로 된 북한교육, 통일교육을 어떻게 지원할 것인지 진지하게 고민해야 할 것이다.

# 27

# 남북이 사이프러스로부터 배워야 할 세 가지 지혜

사이프러스(Cyprus)는 지중해 동쪽의 섬나라로 그리스·로마 신화에서 아프로디테(비너스)가 탄생한 섬으로 잘 알려져 있다. 사이프러스는 한국의 1/10의 면적(9,251㎢)에 인구 122만 명으로 1960년 영국으로부터 독립할 당시 그리스계 주민이 약 78%, 터키계 주민이 약 18%를 차지하였다. 종종 키프로스로도 불린다.

이 글에서는 분단된 사이프러스로부터 우리가 배워야 할 세 가지 지혜를 제시하고 한반도 평화와 통일에 대한 시사점을 도출하려 한다.

## 한반도와 같은 듯 다른,
## 사이프러스

사이프러스는 한반도와 같이 남북으로 분단되어 있다. 1974년 사이프러스 주민의 다수를 차지하는 그리스계 사이프러스인들이 쿠데타를 통해 그리스와 통합을 시도하자, 터키가 터키계 사이프러스인 보호를 명목으로 침공하여 현재에 이르고 있다.

결국 사이프러스는 그리스계의 사이프러스 공화국(Republic of Cyprus)과 터키계의 사이프러스터키연방국(Turkish Federated State of Cyprus)로 분단된 것이다.(이후 남·북 사이프로스) 남사이프러스는 사이프러스 전체의 약 60%를 실효적으로 지배하고 있고 북사이프러스는 약 35%를, 그리고 영국의 해군기지가 약 3%를 차지하고 있다.

현재 남사이프러스는 유엔을 비롯한 국제사회로부터 유일한 합법 정부로 인정받고 있으며 2004년 유럽연합(EU)에도 가입된 정식회원국이다. 반면 북사이프러스는 터키만이 국가로 인정하고 있으며 국제사회로부터 합법적인 국가로 인정받지 못하고 있다. 우리나라는 1995년 남사이프러스와 외교관계를 수립하였다.

남북 사이프러스는 한반도의 비무장지대와 같이 약 184km에 달하는 경계 지역, 즉 '그린라인'(Green Line)을 두고 있는데, 그린라인 내부(346㎢)는 유엔 평화유지군이 관할하고 있다.(UN안전보장이사회 결의 제355호)

## 남북 사이프러스,
## 자유로운 상호 방문을 보장하다

남사이프러스는 헌법에서 북사이프러스 지역을 자국 영토로 규정하고 남북 사이프러스 간 통행을 자유롭게 허용하고 있다. 실제로 남북 간 자유로운 이동은 2003년 북사이프러스가 분단선을 개방하면서 현실화됐다. 2004년 남사이프러스가 EU에 가입한 이후 남북 사이프러스 간 이동과 교역은 「유럽연합법」에 기반한 '그린라인 규정'(The Green Line Regulation)에 따르고 있다. '그린라인 규정'은 일정한 검사를 거친 후 자유로운 이동을 허용하고 있는데 교역에서도 남북 사이프러스의 특수관계를 반영해 관세를 부과하지 않고 있다.

현재 남북 사이프러스 사이에는 9곳의 연결통로가 만들어져 있으며 양측 주민은 신분증만 제시하면 도보와 차량으로 자유롭게 이동할 수 있다. 외국인 또한 여권만 제시하면 별도의 비자 발급 없이 양측을 방문할 수 있다. 남북을 오가는 출입경 업무는 유엔평화유지군도, 양측 군대도 아닌 경찰이 담당하고 있다.

전쟁을 경험한 남북 사이프러스가 자유로운 이동과 교역을 허용하기까지 적지 않은 문제가 제기되고 그에 따른 지루한 논의가 계속되었을 것이다. 그러나 그들은 이 문제를 해결했다. 한반도의 꽉 막힌 비무장지대를 생각하면 정말 꿈만 같은 모습이다. 무엇보다도 남사이프러스가 적극적으로 자유로운 이동을 허용한 것은 한반도에서 남북 주민의 이동과 교역에 참고할 만하다. 대한민국이 먼저 자유로운 이동과 교역의 문호를 개방하고 북한의 호응을 요구한다면, 언젠가는 그 꿈이 현실이 될 수 있지 않을까?

## 사이프러스의 '그린라인'과
## 피스메이커 유엔의 역할

사이프러스의 남북을 가로지르는 완충지대, 즉 '그린라인'은 유엔평화유지군이 관할하고 있다. 사실 유엔평화유지군은 터키의 침공이 있기 전인 1964년 사이프러스에서 그리스계 주민과 터키계 주민의 유혈 사태를 막기 위해 파견되어 있었다.(UN안전보장이사회 결의, 제186호)

그랬던 것이 1974년 8월 휴전 당시 유엔 주도로 남북을 가로지르는 그린라인이 만들어졌고 이 완충지대를 유엔평화유지군이 관할하게 된 것이다. 비무장지대인 그린라인은 유엔평화유지군 외에 어떤 병력도 출입하거나 상주할 수 없다. 2019년 현재 약 880명의 평화유지군이 이 지역을 감시하고 있다.

유엔평화유지군은 남북 사이프러스의 무력 충돌을 막는 정전 유지 임무와 함께 "정상으로의 복귀"를 지원하고 있다. 우리가 주의 깊게 봐야 할 부분이 바로 "정상으로의 복귀"를 위한 유엔평화유지군의 역할이다. 유엔평화유지군은 남북 사이프러스의 완충지대가 정상의 상태로 돌아갈 수 있도록 지원하는 역할을 수행하는 것이다.

이와 관련하여 유엔평화유지군은 농업 등 허가된 민간 활동을 지원하고 있으며 그린라인 안에 있는 4개의 마을, 특히 그리스계 주민과 터키계 주민이 함께 생활하고 있는 필라(Pyla)의 치안을 담당하고 있다. 또한 유엔 완충지대 내에 있는 '레드라 팰리스 호텔'에서 양측 주민의 신뢰를 증진시키기 위한 각종 모임을 지원하기도 한다.(한명섭, 『키프로스 분단과 통일방안』, 2020)

사이프러스에서 유엔평화유지군은 평화를 지키는 피스키퍼(Peace Keeper)의 역할을 넘어 평화를 만드는 피스메이커(Peace maker)로서 활동하는 것이다. 물론 한반도 정전협정에 따라 탄생한 유엔군사령부와 사이프러스의 유엔평화유지군은 그 성격과 지위, 그리고 역할에 있어 차이가 존재한다. 그러나 정전협정이 체결된 후 70년을 맞는 지금, 유엔이 한반도 평화를 증진시키기 위해 적극적으로 남북의 교류와 협력을 지원할 필요가 있다.

## 제3자를 활용한
## 끊임없는 통일 협상

분단 이후 남북 사이프러스는 꾸준히 통일 협상을 진행해 왔다. 통일 협상은 주로 유엔 사무총장이 주도했으며 남북 사이프러스 또한 인내심을 갖고 협상에 임해 왔다.

특히 1990년대 말부터 시작된 코피 아난(Kofi Annan) 전 유엔 사무총장의 중재 노력이 눈에 띈다. 코피 아난 사무총장의 중재로 시작된 통일 협상은 2002년 11월 아난 플랜 Ⅰ을 시작으로, 2002년 12월 아난 플랜 Ⅱ, 2003년 2월 아난 플랜 Ⅲ, 2004년 3월 아난 플랜 Ⅳ와 아난 플랜 Ⅴ까지 남북 사이프러스 통일논의에서 주도적인 역할을 담당했다. 이렇게 만들어진 최종안은 북사이프러스에서 64.9%의 찬성을 받았으나 남사이프러스 주민 75.8%가 반대함으로써 부결되고 만다. 그러나 유엔 사무총장의 통일 협상 중재는 이후에도 지속되었다.

2017년 스위스에서 진행된 통일 협상(17.6.28~7.7)에서는 남북 사이프러스와 안전보장 3개국(그리스, 터키, 영국) 그리고 UN과 EU가 참여해 점령군 철수, 안전보장 체제 변경, 연방제 운영 방식, 영토 반환 등 거의 모든 쟁점에 대한 타협안을 마련하기도 하였다. 다만, 일부 당사자의 국내 정치적 고려로 합의를 철회함으로써 협상은 결렬되고 말았다.

그러나 남북 사이프러스는 스위스 합의 실패 이후에도 2020년 10월 유엔 사무총장 주도로 협상 재개 논의를 진행하였고, 2021년 4월 제네바에서 5+1(남북 사이프러스, 보장 3국+유엔) 비공식 회담을 개최하는 등 통일 협상을 지속하고 있다.

현재 양측의 통일방안을 정리하면, 사이프러스와 그리스 측은 유엔 안보리 결의에 따라 '2개 지역−2개 공동체' 연방제 방안을 주장하고 있으나, 북사이프러스와 터키 측은 연방제 방안이 2017년 협상에서 실패했다며 국가연합 방안을 주장하고 있다.

사이프러스의 통일 협상은 제3자, 즉 유엔 사무총장이 남북 사이프러스와 관련국(그리스, 터키, 영국)을 협상테이블에 앉히고 논의를 주도했다는 점에서 시사하는 바가 크다. 남북이 한반도 통일의 주체인 것은 명확하다. 그러나 남북의 통일방안이 여전히 차이를 보이는 상황에서 유엔 등 제3자를 통해 통일 협상을 안정적으로 지속하는 방법 또한 논의될 필요가 있다.

사이프러스의 사례는 한반도 평화와 통일에 관한 많은 고민을 던져준다. 이와 관련해서 사이프러스를 직접 방문해 다양한 이슈를 분석한 한명섭 변호사의 저서 『키프로스 분단과 통일방안』(2020)을 독자분들께 적극 추천한다.

# 28

# 한반도 메타버스, 상상의 한반도를 통일로 링크

메타버스(Metaverse)는 1992년 닐 스티븐슨(Neal Stephenson)의 과학소설 '스노우 크래시(Snow Crash)'에 처음 등장한 개념이다. 메타버스는 가상, 초월을 의미하는 '메타(Meta)'와 우주를 뜻하는 '유니버스(Universe)'의 합성어로, 현실에서 존재하는 정치, 경제, 사회·문화를 디지털 공간에서 구현하거나, 현실에서 경험할 수 없는 경험을 제공하는 '3차원 디지털 가상공간'을 의미한다.

이 글에서는 남북 간 교류·협력의 경계 지대로서 한반도 메타버스의 가능성과 활용 방안을 모색하려 한다.

## 한반도 메타버스를 꿈꾸다

1990년대 상상의 세계로 등장한 메타버스는 2020년대 우리 눈앞의 현실로 재등장했다. 코로나19 팬데믹으로 인한 비대면 환경에 XR(확장현실) 기술이 결합되며 입체적인 3D 공간이 우리 삶의 또 다른 공간으로 자리 잡게 된 것이다.

"레디 플레이어 원(Ready Player One)"과 같은 SF영화, "소드 아트 온라인(Sword Art Online)"과 같은 애니메이션이 구현한 미래가 점점 더 가까워지고 있다. 글로벌 투자은행 모건 스탠리는, 메타버스가 차세대 소셜미디어, 스트리밍, 게임 플랫폼 등을 대체하며 최대 8조 달러(약 9,000조 원)의 시장을 형성할 것으로 전망했다.

이와 관련해 한반도 메타버스의 가능성에 관한 우리 사회의 논의가 점차 확대되고 있다. 최근 통일부가 DMZ 메타버스 플랫폼(DMZ Universe)을 구현해 일반에 공개했으며, 우리 학계도 광운대에 한반도 메타버스연구원이 설립되는 등 정책과 연구 분야에서 한반도 메타버스의 공간이 확대되고 있다.

국제사회의 대북 제재와 코로나19 팬데믹이 중첩되면서 남북관계의 단절은 속절없이 지속되고 있다. 이런 상황에서 메타버스는 남북관계의 새로운 경계 지대로 주목받고 있다. 영토적, 물리적 조건의 한계를 무한한 디지털 공간을 활용해 극복할 수 있기 때문이다.

한반도 메타버스는 가상공간에서 이루어지는 남북회담뿐만 아니라, 기업의 경제협력 활동, 사회문화 컨텐츠의 창작과 공연, 관람이 가능하며 통일교육 공간으로도 활용 가치가 높다. 뿐만 아니라 한반도 메타버스는 국가의 통제를 넘어 남과 북, 해외의 한민족, 그리고 세계인이 함께 통일된 한반도를 또 다른 세상에서 경험할 수 있다.

## 무엇을, 어떻게
## 준비할 것인가?

우리는 한반도 메타버스를 실현하기 위해 무엇을 준비해야 할까? 첫 번째로, 한반도 메타버스의 중간단계로 한반도 디지털 플랫폼을 활용할 수 있다.

남북의 현실, 즉 남북 당국이 교류·협력에서 여전히 배타적 통제력을 행사하는 상황, 그리고 남북의 기술적 차이 등을 감안할 때 중간단계로서 디지털 플랫폼을 구축할 필요가 있다. 한반도 디지털 플랫폼을 이용해 남북 당국 간 화상회담, 이산가족 화상상봉 등을 우선 추진하고 조건이 갖춰지는 대로 사회문화 교류와 경제협력의 공간으로 활용하는 것이다.

두 번째로, 디지털 기반의 메타버스에서 남북이 교류하고 협력할 수 있는 법제 환경을 미리 준비해야 한다. 현재와 같이 남북관계가 단절된 상황에서 한국의 법제를 우선 정비하고 관계 진전에 따라 남북 법제의 연계성을 강화해 나가야 한다.

특히 남북 간 경계 지대로서 디지털 공간에서 이루어지는 교류와 협력의 다양한 행위 양식을 보장하고 제도적으로 지원하기 위한 법제 개편이 필요하다. 이와 관련하여 「남북교류협력에 관한 법률」과 「국가보안법」의 개정이 추진되어야 할 것이다.

마지막으로, 지금까지의 남북관계에서 경험했듯이 북한이 호응하지 않는 남북교류는 허상에 불과하다. 그렇다면 디지털 공간을 활용한 남북교류에 북한은 호응할 것인가? 북한은 최근 '새 세기 산업혁명'을 강조하며 첨단기술산업 육성을 위한 과학기술인력 양성과 산업의 CNC화, 그리고 AI, AR, 인공지능 기술의 개발을 추진하고 있다.

북한의 정보통신분야 기술과 인프라는 디지털 공간을 활용한 남북교류가 가능한 수준으로 평가받고 있다. 최근에는 당과 내각을 중심으로 화상회의가 확대되고 있으며 김책대학을 중심으로 원격교육시스템을 운영하는 등 비대면 환경에 적응하는 모습을 보이고 있다. 꽉 막힌 남북관계에서 한반도 메타버스는 북한의 호응을 기대할 수 있는 아이템이 될 수 있다.

### 한반도 메타버스는 게임체인저가 될 수 있을까?

메타버스를 구현하기 위한 기술 혁신은 빠른 속도로 진전되고 있다. 남북관계에서 국가의 배타적 통제와 물리적 영토에 기반한 교류·협력의 시대는 이제 새로운 전환을 맞이하고 있다. 한반도 메타버스가 현실에서 멀어지고 있는 통일을 새로운 공간에서 가능케 하는 게임체인저(Game Changer)가 될 수 있다.

남북관계는 종종 정치적인 영역의 문제로 치부된다. 이런 이유로 한반도 메타버스에 관한 논의가 제한될 수 있다. 정부와 국회, 그리고 학계가 이와 관련한 논의와 연구에 좀 더 관심을 가져야 한다.

한반도 통일은 점점 더 먼 미래의 이야기로 치부되고 있다. 통일에 대한 피로감은 남북의 평화공존에 관한 지지로도 나타난다. 이제 사고의 전환이 필요하다. 한반도에서 새로운 공간, 메타버스를 통해 전혀 다른 차원의 통일을 상상해 보자.

# 29

## 새로운 통일방안 논의에 앞서 필요한 고민들

우리 정부의 공식적인 통일방안은 〈민족공동체통일방안〉이다. 민족공동체통일방안은 1994년 8월 15일 당시 김영삼 대통령이 제시한 것으로, 1989년 9월 11일 노태우 정부가 제시한 〈한민족공동체통일방안〉을 계승·발전시킨 것이다.

이와 관련해 통일부는 2024년 '민족공동체통일방안 30주년'을 계기로 새로운 통일방안을 제시하겠다고 밝혔다. 지난 30년간 한반도 주변 정세와 남북관계는 몰라보게 달라져 있다. 그만큼 새로운 통일방안에 대한 논의는 불가피해 보인다.

이 글에서는 통일방안 논의에 앞서 필요한 고민들, 즉 ①통일논의에서 시민사회의 역할, ②닫혀 있는 단계적 통일방안의 문제, 그리고 ③영토적 통일논의의 한계에 대해 질문하려 한다.

### 2023년 현재, 1994년으로부터 무엇이 변했나?

현재의 한반도는 민족공동체통일방안이 만들어진 1994년과 무척이나 다른 모습이다. 첫째, 국제정세를 보자. 동서냉전은 1980년대 후반부터 해체되기 시작했다. 소련은 붕괴되었고 동유럽사회주의는 체제전환의 길을 택했다. 당시 노태우 정부는 적극적인 북방정책을 통해 한-소, 한-중 수교를 이루어냈다. 한국은 한반도에서 새로운 변화를 주도했으며 이는 1991년 남북기본합의서의 체결로 이어졌다.

그러나 2023년 현재의 모습은 사뭇 다르다. 미국 중심의 세계질서는 중국과 러시아로부터 위협받고 있으며 미중갈등은 전면적으로 확대되는 모양새다. 미중갈등과 우크라이나 전쟁은 한반도에서 과거의 북방삼각연합(북-중-러)과 남방삼각연합(한-미-일)이란 냉전의 추억을 소환하는 듯하다. 다만 이러한 갈등은 전통적 안보의 영역을 넘어 4차 산업시대의 다차원적 영역으로 확대되고 있다.

둘째, 우리는 핵을 가진 북한을 상대하고 있다. 1993년 촉발된 북핵위기는 김일성 주석의 사망과 식량난 속에 무너져가는 북한의 마지막 지푸라기처럼 보였다. 1994년 10월의 북미 제네바 합의는 어차피 붕괴될 북한을 연착륙시키기 위한 전략과 같았다.

그러나 2023년 북한은 핵무기를 보유하고 있다. 누구도 북한을 핵보유국으로 인정하지 않지만, 북한이 핵무기를 가지고 있다는 것을 부정하지 않는다. 이제 우리는 핵을 가진 북한을 상대해야 한다. 더 큰 문제는 북한이 하노이 북미회담(2019년) 결렬 이후, 미국이 아닌 핵을 통해 스스로의 안전을 보장하겠다고 선언한 점이다.

셋째, 통일은 더 이상 국민의 절대적 지지를 받는 무조건적인 목표가 아니다. 통일의 필요성에 대한 우리 국민의 지지는 지속적으로 하락해 왔다. 서울대 통일평화연구원의 2022년 통일의식조사에 따르면, '통일이 필요하다'는 응답은 46%, '필요치 않다'는 의견은 26.7%였다. 이는

2007년 같은 질문에 대해 통일이 필요하다고 응답(63.8%)한 수치에서 17.8% 낮아진 결과다.

지난 2022년 7월의 한 여론조사에 따르면, '통일이 되지 않고 현재 상태로 살아가도 된다'는 응답자가 56%로, '반드시 통일이 되어야 한다'(41%)는 응답보다 많았다. 또한, 향후 남북체제는 '자유로운 왕래가 가능한 2국가'가 52%로 가장 높았고, '통일된 단일국가'는 18%에 그쳤다. 평화공존에 대한 지지는 젊은 세대로 갈수록 더 높아지고 있다.

## 이제 통일은
## 당연하지 않다

연말 행사로 치러지던 '새해 소망' 조사에서 '조국통일'이 늘 1위를 차지하던 시절이 있었다. 이제 통일은 새해 소망에서 사라진지 오래다. 주변 상황도 좋지 않다. 아니 그 어느 때보다 최악의 상황이다.

이제 현실을 받아들이고 통일에 대해 이야기해 보자. 먼저, 통일은 당연하지 않다. 이러한 현실을 받아들인다면 통일에 대한 사회적 논의에 더 많은 가치를 부여해야 한다. 통일은 더 이상 정치권만의 어젠다가 아니다. 통일은 남북 사회구성원 전체의 어젠다이며 그들은 이 논의에서 분명한 역할을 공유할 권리와 책임이 있다.

'시민참여형 통일'을 강조해 온 백낙청은, 통일이 "점진적인 과정이기 때문에 일반 시민의 참여 가능성"이 그만큼 높아질 것이며, "'과정'과 '종결점'의 구분 자체가 모호한 상태에서 그 과정의 실상에 따라, 즉 사람들이 얼마나 참여해서 어떻게 해가는가에 따라 통일이라는 목표의 구체적 내용마저 바뀔 수 있는 개방적 통일"이 될 것이라 강조했다.(백낙청, 『어디가 중도이며 어째서 변혁인가』 2009) 통일은 한반도를 살아가는 우리들의 문제인 것이다.

통일에 대한 다양한 의견이 표출되는 상황에서 통일, 그리고 북한에 대한 교육 문제를 제기하지 않을 수 없다. 현재 우리 공교육체계에서 통일과 북한교육은 정규 교과목에 포함되어 있지 않다. 북한에 대해 이해하지 않고, 통일을 논의하는 현실은 분명 개선되어야 한다.

## 한반도 통일,
## 초기 단계에 집중하자

지금과 같이 통일환경이 악화된 상황에서 통일의 모든 과정을 방법론적으로 체계화하는 것은 비현실적이다. 변화된 환경을 반영한 통일의 원칙과 이행전략을 구상하되, 통일의 초기 단계에 초점을 맞추고 중간, 최종 단계에서 현실을 반영할 수 있도록 가능성을 열어둘 필요가 있다.

앞서 언급한 바와 같이, 최근 남북의 평화공존에 대한 국민의 지지가 높아지고 있다. 이는 현재의 한반도와 남북관계, 북한의 상황, 그리고 우리 국민의 통일에 대한 인식이 복합적으로 반영된 결과다. 결국 통일을 위한 초기 단계에서 평화공존 내지 남북연합 단계를 어떻게 실현할 것인가에 집중할 필요가 있다.

## 영토적 통일의
## 폐쇄성을 해체하자

이제 영토적 통일의 공간적 폐쇄성을 해체해야 한다. 물리적 공간이 남북관계, 아니 국제관계를 규정하던 시대는 지났다. 남북의 문화컨텐츠가 남북 당국의 감시를 피해 국경을 넘은지 오래고, 남북으로 갈라진 가족이 이동통신으로 연결된지도 오래다. 그뿐인가? 디지털 공간에서 남북은 다양한 행위자들에 의해 이미 통일을 경험하고 있다.

통일방안의 논의에서 우리는 새로운 공간에서 진행되고 있는 통일의 다양한 실험들을 어떻게 규정할 것인가? 물론 통일은 영토적 통일에 기반할 것이다. 그러나 통일의 과정은 보이지 않는 다양한 공간에서 이미 현재진행형이다. 필자는 남북의 교류협력 공간으로 디지털 공간의 활용을 제안하고 싶다. 기술의 발전은 남북 당국이 모든 것을 통제할 수 없는 상황으로 안내할 것이다. 우리가 준비하는 통일은 이러한 변화를 포용할 수 있어야 한다.

추가적으로, 우리는 '핵을 가진 북한과 통일을 논할 수 있는가?'에 대해 답해야 한다. 이 또한 열린 토론의 주제이다. 다만, 한반도 비핵화가 통일의 과정에서 반드시 해결해야 할 과제임은 분명하다. 이는 한반도 평화체제, 나아가 동북아 평화체제를 구축하는 과정이어야 한다. 관련하여 한반도 비핵화 방안에 관한 논의는 별도의 글에서 다루도록 하겠다.

## 통일방안에 대한
## 생산적인 논의를 기대하며

새로운 통일방안을 논의함에 있어 변화된 상황을 어떻게 인식할 것인지, 그 변화를 어떻게 반영할 것인지 먼저 고민할 필요가 있다. 통일은 우리 사회, 우리 민족에게 긍정의 어젠다이다. 통일방안의 논의가 이념과 진영논리에서 벗어나 민족의 화해와 번영을 설계하는 생산적인 논의가 될 수 있도록 준비하자.

# 30

## 시민사회 주도로 열린 통일을 준비하자

　최근 통일부가 새로운 통일방안 구상에 나서고 있다. 통일부는 2024년 〈민족공동체통일방안〉 발표 30주년을 맞아 "변화된 국제정세, 남북 역학관계 등을 반영해 시대변화에 맞는 통일방안"을 제시하겠다고 밝혔다. 통일부는 "각계 권위 있는 전문가로 구성"된 '통일미래기획위원회'를 중심으로 가칭 〈新통일미래구상〉을 연내에 발표한다는 계획이다.(2023년 통일부 업무계획)

　나 또한 변화된 대내외 정세에 부합하는 새로운 통일방안이 필요함에 공감한다. 그러나 최근 통일부가 진행하고 있는 통일방안 논의는 매우 우려스럽다. 필자는 시간을 정해놓은 채 진행되는 정부 주도의, 남한만의, 전문가만의 통일방안 논의는 생산적이지도, 바람직하지도 않다고 생각한다.

### 새로운 통일방안 논의,
### 마감 시간 정해놓지 말아야

　우리 정부의 공식 통일방안인 〈민족공동체통일방안〉은 1989년 9월

11일 노태우 정부가 제시한 〈한민족공동체통일방안〉을 계승해, 1994년 당시 김영삼 대통령이 광복절 경축사에서 발표한 것이다. 이 과정에서 여야의 지속적인 논의와 합의가 있었고, 그 결과 지금까지 모든 정부가 이 통일방안을 공식적인 통일방안으로 준수해왔다.

사실 통일부가 지금 추진하고 있는 가칭 〈新통일미래구상〉은 그 실체가 상당히 모호하다. 기존의 민족공동체통일방안을 새롭게 대체한다는 것인지, 아니면 명칭에 나와 있듯이 하나의 '통일미래구상'을 만들고 기존의 〈민족공동체통일방안〉은 그대로 유지한다는 것인지 명확하지 않다. 통일부는 "국민이 공감할 수 있는 통일방안"을 "계승·발전"하겠다고 밝혔는데, 이 또한 모호하다. 다만, 우리 언론은 정부가 새로운 통일방안을 추진하는 것으로 받아들이는 분위기다.

문제는 북한이 핵무장에 성공한 상황에서, 우리 국민의 대북·통일인식이 악화되고, 여야 간의 대치 또한 극심한 지금, 정부가 말하는 초당적 합의에 이를 수 있을지 의문이다. 이와 같이 어려운 대내외 상황에서 정부가 2024년을 목표로 가칭 〈新통일미래구상〉을 연내에 발표한다는 계획은 우려스럽지 않을 수 없다.

결국, 정해진 시간에 새로운 통일방안을 마련할 수 있느냐가 아니라, '여야가 공감하고 우리 국민들이 지지할 수 있느냐'가 더 중요하다.


## 폐쇄적인 통일방안 논의에 반대한다

앞서 언급했듯이 〈민족공동체통일방안〉은 긴 시간 여야가 토의하고 합의한 결과로 지금까지 우리 정부의 공식 통일방안이 될 수 있었다. 하지만 현재 정부가 주도하는 통일방안 논의는 〈민족공동체통일방안〉이 논의되던 상황과 달리 폐쇄적이다. 새로운 통일방안 논의의 필요성에 대해 여야의 논의는 아예 시작되지도 않았고 어떻게 논의할 것인지조차 불투명하다.

정부가 새로운 통일방안을 만들고 사후적으로 국회, 특히 야당의 이해를 구하는 방식은 실패할 가능성이 높다. 그 결과가 어느 정도 예상되는 상황에서 정부가 무리하게 통일방안을 구상하는 것은 합리적인 논의 구조가 아니다. 새로운 통일방안을 고민하는 단계에서부터 정부와 국회가 공감대를 형성하는 노력이 필요하다.

자칫 정해진 시간에 맞추느라 모호한 통일구상을 발표하고 정권교체 때마다 이를 수정하는 일이 반복되지나 않을지 걱정이 앞서는 것은 필자만의 생각이 아닐 것이다. 또 다른 남남갈등의 씨앗을 심는 결과가 될 수 있다.

## 통일방안 논의는
## 남북이 함께해야

남북은 통일방안에 있어 '민족공동체통일방안'과 '고려민주연방공화국통일방안'으로 나뉘어 경쟁해 왔다. 남북연합을 거쳐 단일정부 통일방안을 추구하는 남한과 연방제를 최종적인 통일국가 형태로 상정한 북한의 통일방안은 통일의 최종 국면에서 차이가 극대화된다.

다만, 2000년 〈6.15 남북공동선언〉은 남북의 통일방안에서 공통점을 찾아냈다. 6.15 공동선언은 제2항에서 "남과 북은 나라의 통일을 위한 남측의 연합제안과 북측의 낮은 단계의 연방제안이 서로 공통성이 있다고 인정하고, 앞으로 이 방향에서 통일을 지향"시켜 나가는데 합의했다.

나는 새로운 통일방안 논의가 6.15 선언에서 남북이 합의한 '중간단계의 공통점'에 어떻게 다가갈 것인지에 초점이 맞출 것을 제안한다. 이는 통일이 가까운 미래에 발생하기 어렵고 우리 국민의 북한·통일인식이 변화하고 있다는 현실적인 한계를 인정하는 것이다. 결국, 북핵문제가 해소되고 남북이 통일을 논의할 수 있는 상황이 되었을 때, 남북(정부뿐만 아니라 남북의 구성원)이 함께 구체적인 통일국가의 모습을 논의하자는 것이다.

지금은 변화된 환경을 반영한 통일의 원칙과 이행전략을 구상하되, 통일의 초기 단계에 초점을 맞춰 논의를 진행하고, 통일의 최종 단계에 관한 논의는 미래세대가 자신들의 의견을 반영할 수 있도록 가능성을 열어둘 필요가 있다.

## 시민사회 주도의
## 통일방안을 준비하자

정부는 새로운 통일방안을 논의하기 위해 각계의 권위 있는 전문가로 '통일미래기획위원회'를 구성하고 분야별 전략그룹을 운영하겠다고 밝혔다. 올해 통일부가 밝힌 업무추진계획에 따르면, 상반기 중 통일미래기획위원회를 중심으로 국민과 전문가 의견을 수렴해 연내에 가칭 '新통일미래구상'을 발표한다는 것이다.

전문가인 나 또한, 새로운 통일방안 논의에서 전문가 그룹이 중요한 역할을 담당해야 한다고 생각한다. 다만, 이제 통일이 당위가 아니 선택이 된 현실에서, 성과 세대, 정치이념을 떠나 우리 국민들이 공감하고 통일을 지지할 수 있는 방안을 마련하는 것이 더 중요하다고 생각한다. 이 과정에서 전문가 그룹은 자신들의 전문성을 제공하면 된다.

우리 정부와 시민사회는 2021년 보수와 진보가 함께 참여한 사회적 대화를 통해 〈통일국민협약〉을 마련한 경험을 가지고 있다. 대통령 자문 기구인 민주평화통일자문회의(민주평통)와 우리 사회의 보수와 진보, 정당과 시민사회를 아우르는 민족화해협력범국민협의회(민화협)도 통일방안 논의에 참여할 수 있을 것이다.

아직 늦지 않았다. 정부는 새로운 통일방안 논의에 있어 정부와 여야, 그리고 시민사회가 함께 고민하고 정권교체와 상관없이 지속될 수 있는 말 그대로 진짜 "통일미래구상"을 준비해야 할 것이다.